中国道教文化之旅丛书

江南真隐

乾元观

总主编 李光富
本册主编 尹信慧
编　著 王驰 等

华夏出版社
HUAXIA PUBLISHING HOUSE

《中国道教文化之旅》编辑委员会

总 顾 问：任法融
总 主 编：李光富
主 　 编：张凤林
执行主编：张兴发
副 主 编：

黄信阳	黄至安	唐诚青	赖保荣	张金涛	孟崇然	黄至杰	孟至岭
袁志鸿	胡诚林	董崇文	谢荣增	陆文荣	张高澄	吴诚真	董中基
张诚达	吉宏忠	丁常云	刘怀元	林　舟	张东升	冯正伟	李兆彩
张明心	刘世天	周高德	赵理修	杨世华	郭汉文	李宗贤	潘崇贤
邓信德	张崇新	廖东明	袁宗善	欧治国	尹志华	王书献	孙常德
王怀静	詹达礼	喇宗静	蔡万圻	文崇斌	杨柏青

编辑工作办公室主任：王彤江
编辑委员会委员：（按姓氏笔画排序）

丁常云	刁玉松	万　文	尹志华	尹信慧	邓信德	王书献	王彤江
王　驰	王崇道	王理砚	王高静	王怀静	王金华	文崇斌	方本财
孔新芳	冯正伟	冯　鹤	申明清	任法融	任兴之	吉宏忠	刘怀元
刘世天	冯可珠	刘少波	刘玄遵	孙常德	孙敏财	孙崇善	朱　泽
李光富	李兆彩	李宗贤	李信军	李　福	李　纪	李宗旭	张凤林
张金涛	张高澄	张诚达	张明心	张崇新	张兴发	张东升	张开华
张　凯	张至容	张建智	陆文荣	吴诚真	吴信达	杨世华	杨明江
杨梦觉	杨柏青	陈法永	陈明昌	陈信桂	陈万赟	陈理复	陈崇真
宋学刚	何良富	邹理惠	孟崇然	孟至岭	林　舟	林美菊	周高德
周智虚	欧治国	郑志平	郑明德	胡诚林	赵理修	姚树良	郝光明
钟国发	唐诚青	袁志鸿	袁宗善	袁兴愿	郭汉文	陶　金	贾慧法
夏高贞	黄信阳	黄至安	黄至杰	黄健虹	谢荣增	喇宗静	赖保荣
董崇文	董中基	詹达礼	詹和平	简祖洪	廖东明	蔡万圻	蔡亚庭
廖信杰	翟仁军	潘崇贤	霍怀虚	薄建华	鞠崇学

序　言

　　要想了解隐士，其实是极其困难的一件事，因为他们既然隐居起来，就根本不想让世人知晓自己的真实身份，甚至不想让世人见到自己的真实面目。既然如此，世人又何从了解他们呢？

　　汉代的东方朔说过："大隐隐于朝，中隐隐于市，小隐隐于山。"大隐和中隐，都生活在红尘俗世之中，虽然他们的行为处事跟普通人并没有什么两样，但他们的内心世界则完全与世人不同。小隐，则隐居在深山僻壤中，远离都市的喧嚣，让世人很难见到他们，甚至根本不知道他们的存在，比如《空谷幽兰》一书中所记述的隐士，就属于此类。

　　司马迁在《史记》中说："老子修道德，其学以自隐无名为务。"老子其实就是大隐，因为他做过周朝的守藏吏，并名显于当世，就连孔子都曾向他问过礼。老子"居周久之，见周之衰，乃遂去。至关。关令尹喜曰：'子将隐矣，强为我著书。'于是老子乃著书上下篇，言道德之意，五千余言，而去"。老子这么大的学问，却压根儿就没想著书立说。如果没有关令尹喜，我们今天就可能读不到《道德经》了。如果没有《道德经》，我们根本无法想象中国的哲学和历史会发展成怎样一种情形。

　　《孙子兵法》跟《道德经》一样，也只有五千多字，也是全世界闻名。英国军事理论家、战略学家巴塞尔·亨利·李德·哈特爵士说："对于研究战争来说,《孙子兵法》不但是最佳的入门书,而且也是最佳的常备参考书。"《孙子兵法》一书的作者孙武,是由于吴国大将伍子胥的推荐而出现在历史舞台的。他功成名就之后,就在历史上消失得无影无踪,以至于曾有人怀疑过他的真实存在。其实,孙武只是真正地实践了《道德经》第九章所说的思想:"功成名遂身退,天之道也。"

这些隐士们,他们为什么要隐居?这是一个至关紧要的问题。也许有些人是为了逃难避祸,也许有些人是为了借"隐士"之名而沽名钓誉,走"终南捷径"。不过,在我看来,这些人都不能称为真正意义上的隐士。真正意义上的隐士,应该是那些立志于修道,而不会为各种功名利禄所牵绊的人;是那些身虽在庙堂之上,然其心无异于山林之中的人。《庄子·让王》中说:"故曰:道之真,以持身;其绪余,以为国家;其土苴,以治天下。由此观之,帝王之功,圣人之余事也,非所以完身养生也。"如吕尚(姜太公)、范蠡、张良、诸葛亮、刘伯温,都是既对中国历史产生深远影响的政治人物,也是最为世人所熟知的隐士。他们既有高深的修养,又有横溢的才华,还能够在"独善其身"的基础上做到"兼善天下",是所有有志之士学习的榜样。

山不在高,有仙则名。终南山,因为八仙中的钟离权和吕洞宾两位祖师曾在此隐居,而成为最著名的隐居之地。其实,隐士高真全国各地都有,茅山乾元观也不例外。

茅山乾元观位于江苏省常州市金坛区境内。茅山为道教十大洞天之第八洞天。据宋代李思聪撰《洞渊集》卷二记载:"十大洞天:第八,茅山,高一百七十丈;洞,周回一百五十里,名金坛华阳之天,即古名句曲山,因茅君炼丹得道,故曰茅山。记云:华阳洞天,生黄金坛,高百丈,紫玉宫室,皆上清真人游息之地。"乾元观就位于茅山东麓的郁岗峰前。秦时隐士

李明曾于此结庐炼丹，服丹后上升玄洲。他开凿的一口炼丹井，历经两千多年，至今仍为观中道士的日常饮用水源，而且经鉴定，水质为当地第一。南北朝时期，上清派宗师陶弘景曾隐于此，创郁岗玄洲斋室，造松风阁。梁武帝每逢商讨不决的国家大事，均亲自来山向陶弘景咨询，并为其建宰相堂，"山中宰相府"遂名扬天下。唐时上清派宗师李玄靖亦曾居于此。唐玄宗为其敕建栖真堂。宋时上清派宗师朱自英曾在此设坛行法，为国祈嗣。次年仁宗生。因此宋真宗敕建道观，敕名"乾元观"。明时全真龙门派第14代传人闫希言居于茅山乾元观，开创全真龙门复字岔派闫祖派，广传全真教法。茅山乾元观也因此成为全真派在江南的发源地。

本书所记述的，就是曾居于茅山乾元观的历代高道隐士的事迹。您或许可以借此得窥隐逸人生之一斑，探究他们隐居的奥秘。

茅山乾元观住持　尹信慧

2017年10月22日

前　言
隐与显、道与儒

山中何所有

岭上多白云

只可自怡悦

不堪持寄君

中国是从什么时候开始有的隐士，恐怕很难说清楚。这些隐士或隐于市井里巷，或隐于青山绿水。他们的存在，既给红尘中那些追名逐利的人们一个退身的引导，也带给那些寻求解脱的人们以希冀。隐居修道，似乎也便成了道教的主要传统之一。然而，这些生活在方外的隐士道人们，虽然更多的是寄情于山水之间，但有时也会对红尘俗世产生不容忽视的影响。

古语云：达则兼善天下，穷则独善其身。世间由此产生了"进则儒，退则道"的说法。这种观点的潜台词是，中国人生活中积极的、经世的、公众的一面是儒家带来的，而退省的、出世的、个人的一面则专属道家。其实，在中国上下数千年的古老文明中，隐与显、道与儒绝非是截然割裂、彼此对立地存在着的。如同阴阳是不能独存的，若独存则成为"孤阴不生，独阳不长"的死寂之象；同样，隐与显亦非能够各自独存的现象——隐是显之隐，显是隐之显，有则双存，无则并遭。

◎ 文始真人

孔夫子曾经周游列国，说七十余君以求实现周礼之志，可谓是"显"的代表人物。可正是这位儒家的至圣先师，亦曾表露过"浮海居夷"的意向，这便是其"隐"的一面。如果说乘桴浮海、欲居九夷是夫子之行中的退隐之志的话，那么麟经口义、图纬密传则是夫子之学中的秘隐之征了。

让孔子发出犹龙之叹的道家祖师老子，被看作是"隐"的典型——少壮为周室守藏吏，以此韬光养晦，隐于王者之都；至老则乘牛西游，灭行迹于天地之间，莫知其终。但这位神龙见首不见尾的隐者，面对向其求教的孔子，并未故作高深，却是诚以诲之。当他最终离开那纷扰的中原乱世之时，有意过函关，在关令尹子（文始真人）的祈请下，"强书五千言"，将那不可言说的大道奥秘泄于人间文字中，使之流传于千秋万代。孔子问礼则侃侃而答，尹子求道则留书五千，这岂不是太上老子的"隐之显"吗？秉承道祖醇风的乾元古观，正是在隐显之间，演绎了道教发展的美妙篇章。

目　录

江南始隐：泰·季·繇 / 1
 泰伯高义　让国奔吴 / 4
 季札避位　广行仁政 / 5
 繇王弃位　句曲隐修 / 6

云中隐光：李玄洲 / 9
 郁岗结庐　临山掘井 / 10
 释疑弟子　预言真主 / 12
 恭迎始皇　茅屋密谈 / 14

上清隐相：陶弘景 / 17
 挂冠辞官　归隐茅山 / 18
 山中宰相　齐梁之间 / 35
 炼丹合药　飞举升仙 / 42

大唐高隐：李含光 / 57
 王潘司马　宗师衍教 / 58
 玄宗召请　含光进京 / 60
 重修祖庭　再振宗风 / 62

帝师名隐：朱自英 / 65
 吹笛招鹤　受道仙人 / 66
 应召赴京　坚辞归乡 / 70
 敕建乾元　炼丹飞升 / 72

全真隐仙：闫希言 / 75
  见证雷接　遇乾而止 / 76
  重兴乾元　光大全真 / 85
  诸位玄嗣　兴复道业 / 90

明季儒隐：复社君子 / 95
  政治黑暗　君子抗争 / 96
  创办复社　经世济民 / 99
  仕途艰险　归隐乾元 / 100

郁岗文隐：笪重光 / 105
  天赋异秉　罢官归乡 / 106
  徜徉乾元　逢昆而拜 / 110
  重修山志　潜研书画 / 115

变世忧隐：康有为 / 123
  长住乾元　敬重童孝 / 124
  择地葬母　置业茅山 / 127
  经营述农　一无所获 / 130

忠义烈隐：惠心白 / 133
  倡善重德　律己宽人 / 134
  广习众艺　文武双全 / 137
  支持抗日　舍身成道 / 138

重继隐风：乾元坤道 / 145
  历尽艰辛　赤手兴观 / 146
  仙府天籁　净化人心 / 172
  文化弘道　汇聚众贤 / 185

后　记 / 191

江南始隐：泰·季·翳

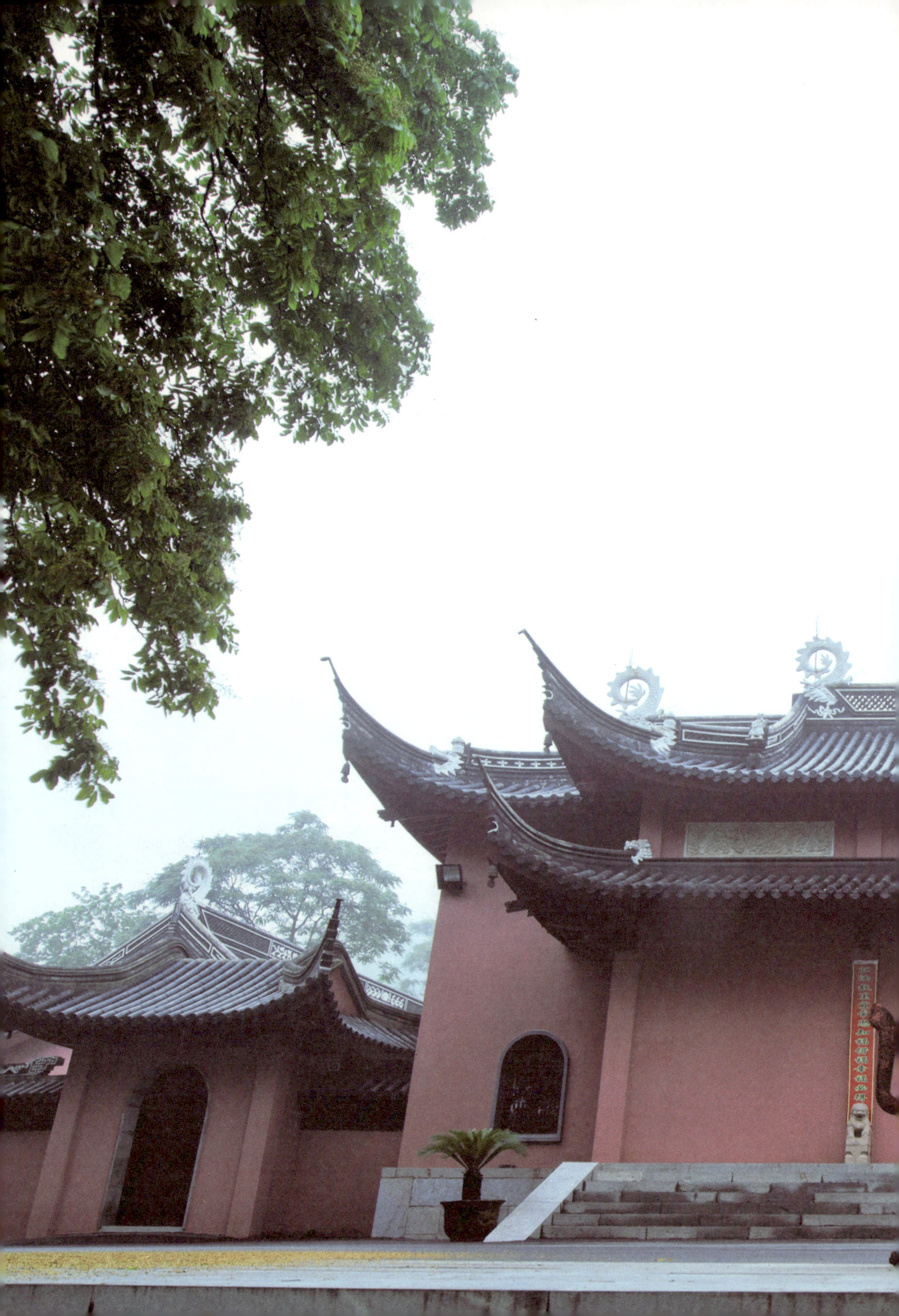

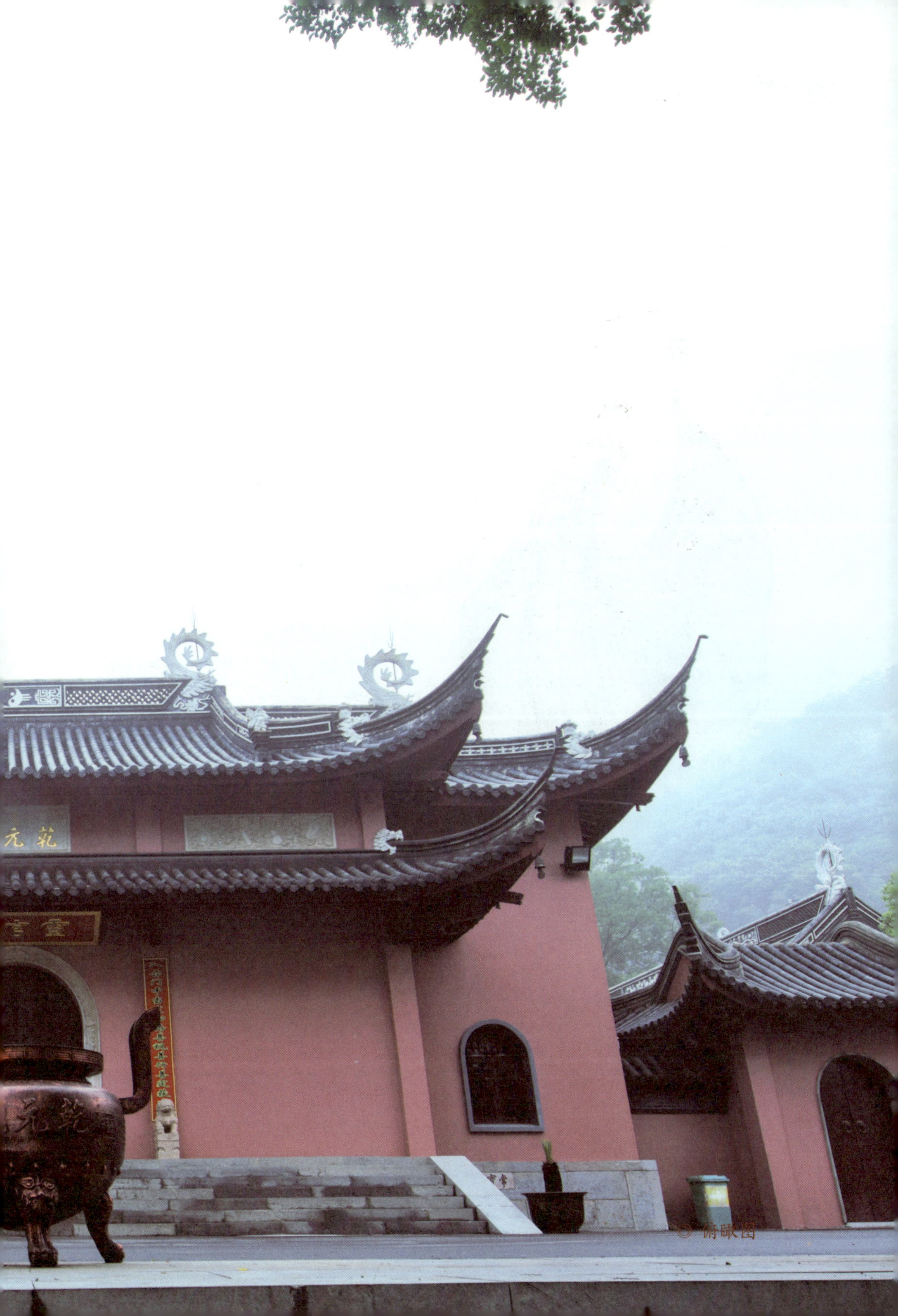

泰伯高义　让国奔吴

说到这江南隐逸的源头，或许可以追溯到商朝末年的吴泰伯。泰伯的父亲古公是上古圣人后稷的十二世孙，周人的君主。古公素有盛德，当戎狄威胁要攻击他的国土时，他说："君王得到群下的归心，是因为他能为臣民谋福利。如今为了保住我的君位，让臣民在战场上流血至死，又岂是我为君的本怀呢？"于是将豳地的国土让给戎狄，带领自己的家人迁徙到岐山之阳的周原。古公的仁义之举，并没有使他失去原有的臣民，不单豳地旧日的子民纷纷随之迁徙到岐阳，甚至连四周的蛮夷民族也仰慕其仁德而前来归附。古公舍弃旧国，反而获得了人口更加兴盛、土地更加开阔的新国。

◎ 泰伯

姬周的德行日见增长，殷商的德行却渐趋衰落，天命不再眷顾朝歌，凤凰转而飞集岐山。故而后世认为，周朝的王气始于古公。武王革命之后，追尊其为太王。诗经云：

> 后稷之孙，
> 实维大王，
> 居岐之阳，
> 实始翦商。

古公的三子公季（后追尊为王季），便是大圣人伯昌（周文王）的父

亲。伯昌年幼之时，古公就发现其有圣人之德和王者之瑞，故而有意传位给公季。但周人最重宗法，嫡长子继位是不可逾越的定制。面对这两难的局面，古公的长子泰伯和次子仲雍主动避让君位，出走到了江南地方。为了表示让国的决心，他们甚至按照当时南方荆蛮的习俗，断发纹身——按照华夏的传统，身体发肤不可毁伤，剪断头发，刺上

◎ 周文王

纹身，便是以自己为负罪受刑、同于夷狄之人，不堪承受宗庙重器，无法继承国君之位。抛弃君位、祖国、本乡，甚至毁损华夏之人的外表，出走到当时尚未开化的蛮夷之地，泰伯与仲雍兄弟的奔吴之举，完全可以看作是隐士的行为，堪比上古的贤人许由。

楚越之地的蛮人听说了泰伯让国的高义，又目睹其谦逊的虚怀，意识到这是一位圣贤。一时间千余户人家前来归附，泰伯意在让国，却在江南成了一个新兴大国——句吴（吴国）的始祖。泰伯兄弟将中原的礼乐文明和先进技术传授给了吴国民众，这是江左之地渐进于华夏的开始。而泰伯兄弟在实现了隐逸（让出君位，居于夷地）之志的同时，也使诸夏礼乐声教光显于太湖之滨。后世的孔子以"至德"这样极高的评语称赞这位吴国的开国之君，对此，泰伯可谓是当之无愧。

季札避位　广行仁政

吴国传世十九代，国君寿梦当国。他想传位于有贤名的幼子季札，季札推荐长兄诸樊继承王位，自己避居于乡野。寿梦薨后，寿梦长子诸樊再让季札，季札固辞，诸樊无奈即位，并声明自己薨后，当由季札继位。诸樊薨后，寿梦

次子余祭奉先君之命又让季札，季札还是不受。余祭只好封之于延陵。季札有治绩，大得封地百姓爱戴，被称为延陵季子。寿梦三子余眛薨，遗命迎季札继承王位，季札再让，乃至弃封地而出奔。君位最后由寿梦庶长子僚继承。

◎ 季子

季子曾受命出使晋国，途经徐国，徐国国君见他所佩宝剑甚美，露出羡慕的神色。季子因为有使命在身，不能因为无佩剑而失落威仪，所以没有立刻将宝剑献出，但心中默默许下，回国途中必将此剑赠予徐君。待到季子回程，徐君已然薨逝，虽然只是心中的默许，没有任何人知道，但季子却不愿有负自己的良知，遂将宝剑留在了徐君的墓上。时人盛赞季子之德，歌曰："延陵季子兮不忘故，脱千金之剑兮带丘墓。"季子绍续先人遗风，让国避位，这是高洁的隐者节操，而行仁政于延陵，播美名于徐国，则是经世之德的外显。

泰伯和季子是否曾流连于句曲（茅山）的山水，史书并没有留下确凿的记载。但自古仁者乐山，二位圣贤都是至仁之人，句曲山又是当年吴国境内的名山，我们可以合理地推想，古贤必曾在这青山绿水间留下过他们的足迹。

翳王弃位　句曲隐修

有据可考的，首位在句曲山修道的让国隐贤，是战国时代越国的君主翳。越君勾践灭吴后，句曲山便纳入越国境内。勾践的四世孙即翳。越君翳当国之时，周安王为天子，王室权威日渐削弱，面对"田氏代齐"的篡乱之举，天子不但无力征讨，甚至不得不承认田氏僭主。自此天下道义扫

地，豪雄角逐，分割疆宇。越君翳在外面临诸侯争霸的战国乱世，在内则面对残酷绝情的宫廷斗争，乃知大道隐没，家事、国事、天下事皆无可为，遂舍弃君位，至句曲山隐居静修。经年之后，以结庐山间犹有俗务烦扰，迁居青龙山南麓岩窟，至今遗迹尚存，称为"翳王洞"。殁后葬于今日乾元观后山郁岗峰，茔址名为"翳王冢"。

三代以下的两千余年中，郁岗峰下云集了为数众多的隐士，本书便选取介绍其中几位的不凡行迹。在这几位隐士身上，我们可以清晰地看到中国隐士的传统：他们虽然隐居方外，但无一不是与时代紧密相扣，影响着红尘中的起伏变迁。显而隐，隐而显，出世自度，入世度人，这也便是道教自古至今所秉承的宗旨。隐士们在山中关怀着内在的精神世界，同时又以赤子之心对物质世界进行着救度。

云中隐光：李玄洲

郁岗结庐　临山掘井

　　时过境迁，战国绵延两百余年的暴力纷争终于被更大的暴力所终结。六王毕，四海一，秦王政称始皇帝。广封众建的周朝从历史的舞台上谢幕，代之而起的是一个疆域广阔、郡县相连的集权大帝国。

　　蜀山兀，阿房出，在咸阳华丽的宫室前，热闹的街市间，常可见到来自各地的方士。他们或炫耀奇术，或预言凶吉，希望以自己的某种特异能力引起朝廷的注意，从而一步登天，富贵立至。可是，有这么一位非主流的方士却逆潮而动，朝着帝都相反的方向进发，来到了远离中原繁华的江南句曲山——他就是后世称为李玄洲的李明真人。李真人带着数位弟子，结庐于郁岗峰下，炼丹合药，济世度人。

　　山中的岁月是寂寞的，采药炼丹的工作是繁重的，日复一日机械式重复的修行生活，终于使一些弟子生出了怨言："别的方士可以售艺帝王之家，位列公卿之席，我们却为何要在这荒凉的山间做这种苦力呢？"此话传到师父耳中，真人微微一笑，说："此处山水风土俱佳，正宜炼丹。""师父，您说这里的水好，可这山上明明水源缺乏，每天都要走好远的路去挑水啊！"徒弟似乎对其师的话不以为然。

　　第二天，李真人手拄木杖，带领一众弟子走上山坡，道："今逢吉日良辰，待我取来炼丹仙水。"弟子满腹狐疑，却又不敢多问，只得跟着闷头走山路。李真人一路用杖东敲敲，西拨拨，像是在寻觅什么，可看他一脸满不在乎的样子，却叫人觉得更像是个正在玩耍的老顽童。突然，真人驻足在一块藤草蔓延、毫不起眼的泥地上，用杖重重地一顿，说："这里正是仙水所在，开挖！"徒弟们用师尊预先吩咐携带的镐头挖掘起来。几个时辰之后，已然掘出一眼清泉，越挖水涌得越汹涌，水质也越清冽。大喜过望的众徒奋力工作，淘清井底，加固井壁，凿石制成井圈。一口水质甘甜、清澈映人的井，就这么奇迹般地出现在了郁岗峰下。一些当地农夫议论说：专门以打井为业的老师傅们，也未必能选中某址即打出水来，何况又是这样甘甜可口的清澈泉水。看来这位老仙长不是普通人哪！经过这件事，弟子们对师父的

◎ 李明真人炼丹井（秦代）

信心大增，最初的怨言也都消散于无形了。这口李真人炼丹井，至今尚存，就在如今乾元观的大罗宝殿西侧。其水两千余年不绝，始终供观内修行人及当地百姓饮用，被信众誉为仙水。晋代高道抱朴子（葛洪仙翁）赞之曰：

> 混混井泉，
> 源通渤海，
> 色逾玄圭，
> 甘如沆瀣，
> 注炼金液，
> 保养太和，
> 昔人遐举，
> 饮此余波。

涌流的井水为隐士们的生活带来了极大的便利，更重要的是，合适的水泉是炼丹合药的重要助缘。山泉虽可口，终究也不能解除心灵的饥渴。对于朝夕相处的师父，弟子们总觉着既熟悉又陌生，师父其人其行，对徒弟们来说是参不透的机密。

释疑弟子　预言真主

一日，某弟子问："古昔的隐者，或是为了尊贤让位而隐居，或者因为世道变乱而避祸。如今天下归一，四海升平，师父您又是为了什么而隐居呢？"真人答道："天下虽然混一，却尚未达致太平。""师父您的意思是，要如周初那样扫除殷顽，平定三监，然后方能天下太平吗？""非也，非也！"真人摇着头，叹息道："当年端门降命，血书赤鸟，其符应于火德。秦以水德而兴，并非承运之主。只因王道久绝，二统之间，合该有此一闰统，以为后王之前驱罢了。"徒弟闻此，倒吸了一口凉气，既觉得恐惧，又暗暗感到一种莫名的兴奋。说恐惧，是因为一向离尘绝世，不问人间是非的师父，冷不丁说出这种犯上的话，实在是吓人一大跳。说兴奋，因为师尊的这一番话，似乎解明了早就萦绕在每个人心头的迷惑：秦统一天下后，推行严刑酷法，民人动辄获罪，刑徒几半天下；朝廷穷兵黩武，纵欲侈靡，长城、阿房宫、始皇陵，这些史无前例的浩大工程耗尽了民脂民膏，纵然不逢饥荒瘟疫，百姓也常面带病容；秦王政认为自己功兼三皇，德过五帝，乃自称皇帝，尽废先圣先王之道，焚毁典册，坑杀儒者，有敢偶语诗书者弃市，称扬古道者灭族。面对这一切，人们不禁疑惑——难道新王受命，万象更新之后的天下，就是如此这般光景吗？可是，人们将这样的怀疑深埋心底，甚至独处一室时，也不愿意细加琢磨。一方面是畏惧严酷的刑罚；另一方面，经历了两百多年的战国乱世，人们实在是对战乱害怕和厌恶到了极点，如今好不容易天下统一，不再有诸侯混战，人们宁可忍耐种种苛政，也不愿意或不敢去思考"今上天子若非受命之主则如何"这样

可怕的问题。李真人一席言,揭破了这一谜团,也让弟子庆幸这番对话发生在句曲深山的茅庐内,而不是咸阳城的某个客栈中,不然恐怕已是惹下杀身大祸!

"那么,真命天子何时出世,又将是何等样人呢?"弟子稳了稳心神,大胆发问。真人垂目不语,片刻之后方说:"天机不可以人意而泄露,但天地自有泄其机密处。当年孔圣人笔削春秋,制作孝经,文成而告备于北辰,天降赤虹,化为黄玉,其符云:

> 宝文出,
> 刘季握,
> 卯金刀,
> 在轸北,
> 字禾子,
> 天下服。

以此看来,应命真主当是帝尧之后,生刘氏之家,以布衣受命,继周之统,其运火德,为天下主。此人已生在世间,你们当能见其兴起。"在焚书令下达之前,赤虹黄玉符的文字早就为读书人所熟知。但将其中的奥妙这样明明白白地和盘托出,却是闻所未闻的。在这直面机密的当下,弟子们因为不知所措而陷入了沉默。

过了良久,另一位弟子发问说:"如今我们隐居山间,修合丹药,这是为自了,还是也有度人的目的呢?""若无度人之愿,又焉能自度?"师父答得很干脆。"我们向四周村民舍药,可算是度人的功行了吧?""尚不止于此,要受点化的那位,正在途中。"弟子再问详情时,师父却吊起人的胃口,只是闭目微笑,不复作答了。

恭迎始皇　茅屋密谈

　　这年，正是始皇三十七年，皇帝开始了巡游天下的盛举——这样的巡游，自吞并六国以来，已经是第五次了。这一回，皇帝来到云梦地方，在九嶷山祭祀了古圣王虞舜，然后沿江而下，经过丹阳来到钱塘，又去往会稽山，在那里致祭于古圣王夏禹，并望祀南海。返驾之时，皇帝吩咐在句曲山略作停留。对此，随从们大惑不解——九嶷山、会稽山都有古圣王的遗迹，句曲山又有什么特别之处呢？

　　又是一个山间的清晨，李真人的弟子们洒扫庭院，为一天的修行做着准备工作。忽然一阵久违多年的车马喧嚣传入耳际。山路崎岖，一大群人弃车步行，正往隐庐的方向赶来。众人一下子蒙了，不知这是什么状况。一些胆小怕事的徒弟，甚至疑心师父"大逆不道"的言论外泄，导致官府来拿人了呢。大伙惴惴不安，李真人却淡然一笑说："恭候此人多时，若再不来，险些错过。"不多时，人群来到门前，看其打扮，确是官府之人。官吏们簇拥着一位年岁五十上下的男子，其人身材魁伟，浑身散发着不怒自威的强大气场。男子挥挥手，将人群留在院门外，和几位贴身侍卫步入庭院。李真人好像早有准备似的，迎将出来，与那大人物并不见礼，径向前低语数言，便携手进入隐庐，将一脸茫然的侍从和弟子们屏退在屋外。过了一顿饭的工夫，大人物走出茅屋，脸上带着又惊奇、又欢喜的神色，容光焕发，不再是进门时凝重而又心事重重的样子了。真人送至院门，并无揖拜之仪，互相略一俯首，就此分别。

　　等到车马声远去，众弟子终于忍不住好奇，七嘴八舌地议论起来。真人来到廊下，招招手聚拢众徒道："尔等不必猜疑，适才这位就是今上——始皇帝。他与我分属君臣，而他却又是微行至此，所以不得行宾客之礼。"师父此言一出，众人先是目瞪口呆，继而如同群鸟炸窝般惊叫起来。一位弟子喘着气问："陛下此来，究竟是？""别无他故，不过是求取仙丹，并要赠我一对玉璧。"真人满不在乎地说着，那神情，似乎谈论的不是仙丹玉璧，而是萝卜白菜。接着又说："我与他言，金丹无非药剂之一种，药物最

需对症。我所炼之丹不对皇帝的症候,他万万服不得。玉璧留在山人茅屋中无用,应该送至句曲北垂山顶埋藏,献于华阳洞天众位神明仙真,如此则对众人皆有助益。故而,皇帝亦未受我丹药,我亦未收白玉双璧,经过就是如此。""师父,原来您之前说的前来接受点化之人就是当今陛下!那您是怎么点化的他呢?"一位弟子决定顺势打破砂锅纹(问)到底。"给皇帝所开的药方,自然也不对小道童的症候,无用之事,问之何益?各自干活去吧!"

◎ 秦始皇

数日后,心怀疑惑的弟子们从村民耳中听到了这段故事的后续:皇帝和群臣去往师父所指点的北方小山上,举行了祭祀。挖七尺之坑,埋藏了那一双玉璧。在坑口封以磐石,并铭字为记曰:

始皇圣德,

章平山河,

巡狩苍川,

勒铭素璧。

此后皇帝召集当地百官,举行了盛大的飨宴,在席上,始皇慨叹说:"巡狩之乐,莫过于山海,自今已往,良为常也。"群臣闻言,纷纷起身向皇帝恭祝康宁寿考,唱和道:"良为常矣。"此时乐工们击鼓鸣钟,万声齐唱,回音震荡于山水之间,见闻者莫不赞叹为千秋盛事。皇帝又命地方官员,从此将句曲北陲的这座小山改名为良常山,以纪念今日的吉兆。

李真人终究没有透露,他在茅屋中和皇帝答对的隐情,以及皇帝究竟接受了何种点化。句曲盛宴后不过几个月，传来了出人意料的消息，正当盛年的始皇帝在巡游途中驾崩了！句曲北邮的良常之声，竟成为这一代雄主的生命绝唱。数年之后，天下果然如李真人所言，又陷入了战乱，始皇帝自认为可以千秋万代长存的帝国伟业，数年间就崩溃瓦解。而此时，远离战火的句曲山中，隐士李明度人功行圆满，服食金丹，白日飞升，登于玄洲真境，号为玄洲真人。

　　李明真人与始皇帝当年的对话，恐怕我们永远无法知其端详，但这段故事为其后两千年间在郁岗峰下发生的故事，开启了一对关系，即人间与仙界，权力与隐士，他们在同一时空之内进行着对话……

上清隐相：陶弘景

挂冠辞官　归隐茅山

自汉献帝之后，中国又陷入了诸侯纷争、天下分裂的乱象。经过了曹魏、晋、刘宋诸朝，便到了南北朝的南朝萧齐永明年间。此时南朝萧齐的天子是齐武帝，在他的治下，衣冠南渡以来偏安江东的朝廷获得了短暂的安定繁荣，史称永明之治。

永明十年夏季的一个清晨，几艘奇特的官船行驶在通往句容方向的河道上，看起来是来自都城建康（今南京）。说他们奇特，是因为船上人多数作官府差役打扮，但船里载的不是钱粮税负或公文，而是家具、衣箱、书箱、日用等杂物，有几个盒子上的内府封条，赫然盖着御赐字样的印章。盒子里装的并非奇珍异宝，而是天子赏赐的绢帛、蜡烛两种日用品，还有茯苓与白蜜这两种药材。两位士人穿扮者坐在最后一艘小船的船头。小舟并不紧跟船队，而是与官船拉开了相当的距离，船夫不紧不慢地撑着篙子，显得相当悠闲。细看舟上这二人，一位三四十岁间，身高七尺有余，体态清瘦，长面朗目，鼻直耳耸，胡须稀疏，鬓发蓬松，仪表清逸，举止自在，神态温和却不失威严。另一位是十四五岁的童子，是个清秀的美少年，与前者神形颇有相似处，只是不具备那种仙风道骨的神韵气质。长者姓陶名弘景，字通明；幼者姓陶名翙，字木羽，他们是伯侄关系。这位陶弘景究竟何许人也，这一队来自京城的船只又将何往何为呢？话还要从不久前耸动京城的一个事件说起。

"陶大人辞官了！"这成了永明十年五月建康朝廷中最大的新闻。其实，这位陶弘景大人所任的"奉朝请"，本是个闲职，他的去留，实在谈不上会

◎ 城隍庙大殿里的霍光神像

对朝政产生何等影响。这个事件之所以惊动朝野，最大的原因大概还是陶先生本人而非其担任的职务。

陶大人究竟是个什么样的人呢？若向朝廷的百官、京城的文士、百姓做一番调查，得到的答案会是千奇百怪的。除了朝臣的身份外，在不同的人眼中，他是注解经典的儒学经师、服食炼气的道教修行者、精通佛理的居士（这个可以先不提，他可能是退居之后才玩佛教的）、治病救人的医生、合丸制散的药剂师，又是书法家、古书古剑收藏鉴别专家、自然学家、园艺家，等等。大家都乐于亲近他并尊敬他，觉得他是个高人，人人都看见了他渊博精深的某一方面，但却没有谁能窥得其全貌，说清楚这位陶大人究竟是何等样的一个人。

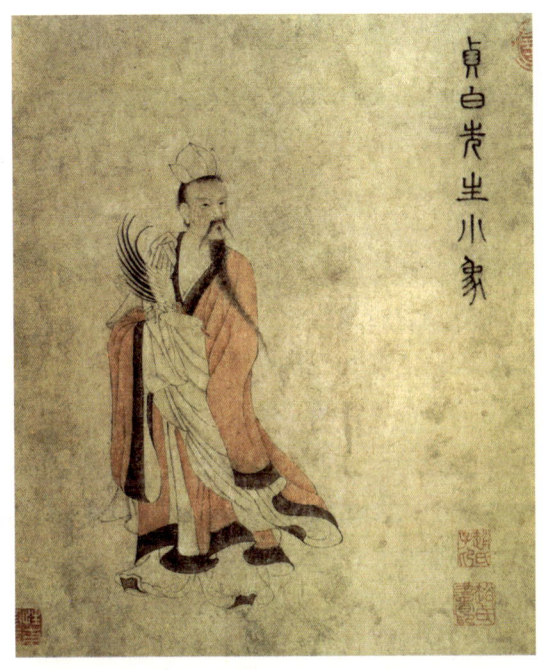

◎ 陶弘景宗师

陶弘景的始祖本居于冀州平阳，是帝尧陶唐的苗裔。汉一统天下后，远祖陶舍为高祖右司马，其子陶青为景帝丞相。汉末天下纷扰，十三世祖陶超为了避乱而渡江至丹阳居住。七世祖陶浚仕于东吴，被封为句容侯，后与其君孙皓降晋，官至尚书。此后陶家世代为官，司马晋禅让予刘宋以来，陶弘景的祖父陶隆和父亲陶贞宝分别担任过县令、御史等职务。陶贞宝的官职虽不显赫，但却是当时颇有名望的文士，精于经史、文章、书法，为当时的名流显贵所敬重。

陶贞宝的夫人郝氏，是一位虔诚的佛教居士。刘宋孝建二年九月，郝氏夫人自觉身怀有孕。某夜梦见一条小青龙从自己体内冲出，向东飞升而去，但却看不见龙尾。醒来后，郝夫人向自己所供养的一位比丘尼说："弟子将会生一个男孩"，并将梦境详细告诉了她。尼师闻言甚为欢喜，说了不少祝福的话，并说："既有这样的瑞兆，孩子应该会是个非凡的人物吧？"可是郝氏夫人却道："只是怕这孩子会无后啊，不然怎么独独看不见龙的尾巴呢？""生此浊世，出家也不错。"尼师这样安慰着。第二年四月三十日夜半时分，陶弘景诞生了。

陶弘景显然是个早慧的天才，四五岁开始就能读书写字，家中的仆人有时候故意将玩具陈列在他面前，但他的眼神却只是固着于纸墨笔砚和书卷。六岁时，他的书法就已经出众，甚至有人专门求取这孩童所写的方幅加以珍藏。九岁以后遍读六经，不但收集了前人的注疏，并列抄写，做成集注，并且为各部经典按照自己的理解写出义解。读过他义解的人，都夸赞其学风扎实，字字皆有出处，讲求稽古训诂，一反六朝浮夸谈玄的流俗，回归先汉经师的朴素传统。十岁时，偶然得到了前朝葛仙翁（葛洪）所著的《神仙传》，昼夜阅读，手不释卷，从此有了学仙的志向，对人说："遥望青云，仰观白日，也并不觉得遥远啊。"周围的人都为一个幼童能说出这样的话而感到惊讶。这个孩子的容颜神采还特别出众，十五岁以后更是肤色白皙，体态俊秀，貌美逾于常人，时人都说："陶郎是玉京中的神仙下凡。"每每外出，常引得众人围观指点。为此他不得不手持羽扇掩面，虽寒冬腊月，也必随身携扇。对于早就有"青云白日之志"的陶郎而言，这些纷扰只是更加催动了他的出世意愿。

十七岁，陶弘景接受了标志成人的冠礼（加元服之礼）。照理，冠

◎ 葛洪祖师像

礼之后就该预备操办婚事，可陶弘景却每每推脱，用各种原因搪塞。不是说自己年纪尚幼，就是说未有功名。若换了普通士庶人家，恐怕父母会无视孩子的这种无理抗议，而强行为之娶妻。可陶府君及郝氏夫人想起了十多年前那个"青龙飞升，不见其尾"的异梦，感到一切都在顺着冥冥中的定数而发展，故而也就不顾族人和亲友的劝谏，而对儿子这种非同寻常的"不婚主义"采取听之任之的态度了。

十七岁上，陶府君的老友，曾任吏部尚书的刘秉被任命为丹阳尹，陶氏父子亦双双在其手下任职。刘秉的次子刘俣与陶弘景年岁相仿，志趣相投，两人遂为好友，一起搜寻文籍，日夜攻读，共味而食，同车而游。

是时，南朝正处于刘宋政权的统治时期。宋后废帝（苍梧王）荒淫无道，滥杀成癖，致使天怒人怨，社稷不宁。废帝终为手下侍卫谋杀。朝中权臣萧道成拥立年幼的安成王即位，是为宋顺帝。此时的刘宋朝廷，外有北魏的军事威胁，内有昏庸的废帝留下的政治腐败，宗社的根本已被动摇，人心思变，天下不安。执掌大权的萧道成心中，开始有了取而代之的想法。

陶弘景二十二岁那年，刘秉和其他忠于刘宋的大臣们聚集在首都建康（今天的南京），密谋举事罢黜萧道成，保卫宋室。陶氏父子作为刘秉的手下，也参与其中。毫无悬念地，在萧道成所掌握的强大军权面前，石头城反萧运动不堪一击。事败城溃，刘秉被斩首，而其子刘俣也死在金陵的监牢中。陶氏父子因为位卑职微，没有受到追究。刘俣年少无子，加上是"政治犯"，没有人愿意出头主丧。当陶弘景听到好友刘俣的死讯后，毅然决定入京为之收尸。亲朋好友闻讯，都认为这个年轻人发疯了——你自己也是这个政变的参与者，如今萧大人大发慈悲，只追究主犯，你好好感恩不尽地低调做人都来不及，怎么还要去京城主动惹事！一时间前来劝阻的亲戚朋友几乎踏烂了陶府的门槛。但陶府君和郝氏夫人则不以为意，说："既然吾儿愿为朋友尽一份心，这是美事，又何必阻止。"亲友纷纷叹息道："儿子不娶亲不管，如今要惹下大祸也不管，这个陶老爷和陶少爷一样有痴气，真是父子一脉！"

陶弘景到了建康的监狱，领回了朋友的遗体。陶弘景伏尸大哭道："呜呼，吾友啊吾友，你成全了忠孝大义，先走一步，却留我在这乱世！"哭罢，以礼收敛，为之安葬。建康城中的官员文人虽因惧祸而不敢明加赞扬，但市井百姓皆都夸奖陶郎的义气。

一年后，权倾朝野的武将萧道成迫使宋顺帝禅位于己，是为萧齐王朝的开国之君——齐高帝。高帝在位不过四年就因病驾崩，他的长子萧赜即位，是为齐武帝，也就是开创了乱世中的短暂治世——永明之治的那位皇帝。在武帝的治下，陶贞宝并未因为参与石头城事件而遭受清算，相反，他和儿子陶弘景仍被授予官职。数年后，陶府君和郝氏夫人先后去世，三年孝满，陶弘景又被召回朝廷，被授予振武将军、朝奉请等职务。然而这些都不过是虚衔，他的实际工作，是给高帝的第十六子宜都王萧铿做侍读。萧铿虽然年少，但胸怀宽广，宅心仁厚，又尊贤重道，最爱诗书。做这少年王爷的侍读，对于陶弘景来说，是一份颇为惬意的工作。永明之治的十年太平光景，使人们忘却了前朝的乱象，似乎天下就会永远这么太平下去。

永明十年五月的一天，在例行朝会结束后，朝奉请陶大人走至神虎门，他突然脱下朝服，将其挂在门上，随后便单着内袍飘然而去。面对这种怪异的举动，众朝臣都愣住了。位高权重的散骑常侍王晏见状，追上前去，一把拉住陶弘景道："陶大人，天气虽热，礼仪不可废，怎能把朝服随便挂在西宫门上呢？若是遗失，明日您穿什么上朝？""王大人，我解朝服于此，就是不会再穿的意思了。""什么？呃，陶大人，您可是有辞官之意？""正是。"王晏为人向来圆滑世故，沉吟半晌之后，说："陶大人，您也知道，今上的性格最是刚正严肃，顶厌恶标新立异以求清高之名的人。您就算要辞官，也该依例办理手续，并且亲自向皇上辞别才是。"陶弘景闻言微微一笑，说："我这样做，为的是身不是名，王大人不要有顾虑。我不过是无德无能的人，霸占着官职，浪费着俸禄罢了，又怎能为了这一小小的要求而给圣上增添麻烦呢？我有表文一封，请大人代呈。"言罢自怀中掏出表文，递给王晏，一揖而去。

待陶弘景走远，目睹这一切的朝臣一片哗然，纷纷议论此事。消息从

朝臣的口中传到了他们的家人、仆役耳中，又由下人们传播到了市场、商铺。陶弘景本想脱下朝服，一走了之，谁知道却事与愿违，成了建康城的头条新闻主人公。人们对陶大人的辞官各有说法，有人认为，陶大人本是下凡历劫的神仙，如今俗尘已了，将要白日飞升，恢复原位了。有人认为，陶大人如此有才华，却始终担任闲职，故而灰心于仕途，效法前朝他的本族先辈陶渊明，辞官归田，过潇洒安逸的桃花源生活去也。

前来递送表文的王晏，望着那一语不发，只顾出神的君王，心中做好了应付"龙颜大怒"的准备。半晌之后，武帝开口说："下令内府，取帛十疋、烛二十铤，作为送别的赐物赠给陶侍读。另外，从今以后，每月拨给御用上等茯苓五斤、白蜜二斗，以供其合药服饵。""陛下固是皇恩浩荡，只是，对于这种任性辞职的行为，不但不加申斥，反而予以奖赏，是否会影响今后百官的风纪？"王晏赔着笑，说出了心中的疑惑。武帝指着御案上的表文，道："不是每个人能写出这样的文字，也不是每个人都有这样的心志。爱卿又何必担忧一群麻雀会群起效法仙鹤呢？"虽然因为自己也被划入了"麻雀"的范畴而略感不快，但王晏还是探头读起表文来：

"臣闻尧风冲天，颍阳振饮河之谈，汉德括地，商阴峻餐芝之气。臣栖迟早日，簪带久年，仕岂留荣，学非待禄，恒思悬缨象阙，孤耕垄下，席月涧门，横琴云际，始奉中恩，得遂丘壑，今便灭影桂庭，神交松友，一出东关，故乡就望，眷然兴念，临波洿泪，臣舟棹已遄，无缘躬诣，不任攀恋之诚，谨奉表以闻。"

"果然是仙鹤啊，而我们真不过是麻雀罢了。"王晏心中不情愿地承认了主上的判断。

"挂冠神虎门"事件既然传遍了京城的街市，陶府大宅自然也得到了消息。陶弘景的弟弟陶弘愿闻言并不惊讶，只是招来自己的儿子陶翊，问道："你也听说了伯父的事吧？""是，父亲。""我的才能不及你伯父百分之一，只是他志向清高，非此俗尘中人，所以才由我承祀显考，勉强挑起这一副家业的担子。如今他将出世隐居，身边不可没有随侍之人。翊儿，你收拾一下衣服细软，随时预备同你伯父一道出发。"乍闻此言，小陶翊有些手足无措，毕竟这个大户人家的少爷，长到十四岁，还没怎么出过建康城，如今忽然要他远行，难免会感到惊惶。"父亲，不知我们将往何方，我又要离开父亲膝下多久呢？""去往何处，你伯父自有计较。一旦安顿下来，你伯父可教导你继续攻读五经，并不会让你荒废学业。数年后你伯父自会传道收徒，届时你就可回京城来。"陶弘愿似乎是胸有成竹地在说出一个早就安排好的计划，他淡定从容的语态使小陶翊安下心来。"全凭父亲和伯父的安排，小子遵命！可是……"犹疑了一下，在好奇心的促使下，陶翊还是说出了心中的疑问："伯父此去，外间传闻很多，不知究竟是？"陶弘愿似乎早就料到儿子有此一问，快速而干脆地做出了回答："事情早在三十八年前就有萌兆，而我在十年前就确认了当年的前定。"望着儿子满脸茫然的神色，陶弘愿笑道："你伯父出生前，你先祖母的青龙东升之梦听说过吧？其实不止此事，你伯父身上即有异象。他右肩上有一钱形紫记，右大腿有数十颗黑子，自然排列成星斗之文。他从小就躲避荤腥，独喜青精饭，在食性上与仙人符合。很小的年纪，即知洁身自爱，不同他人共用碗筷食具。外人只知道他终身不娶，颇有各种猜测和传言。其实我自小就知道你伯父异于常人，他不单不近女色，甚至从无此种嗜欲。当其他少年人聚在一起谈论情色，拿男女之事开玩笑的时候，他既不参与其中，也不刻意躲避，似乎这一切与他全不相干。一开始，家人和朋友当他是因为害羞而故作矜持，日久才明白他禀赋特异，清净天成。正因如此，你的先祖父母才未强求他娶亲啊。"陶弘愿一口气说到这里，停下饮了口水，揭示出更大的秘密：

"十年前，你刚会走路的年纪，你伯父奉命往石头城公干。就是那个曾经血雨腥风，使他失去了挚友的伤心旧地。在彼处，毫无预兆地，你伯父突然倒地昏迷。我闻讯赶去服侍，路上听说他不省人事，水、米、汤药都不能进，以为其命不保。可当我赶到石头城，见了病榻上的兄长，才知道事情并不简单：虽然昏迷，水米不进，但他面带异彩，脸现红光。而且昏迷之中，常低声沉吟，细听其语，都是和上界仙真的对话，有条有理，与寻常病人高烧呓语迥异。大概为防泄密，多用隐语，我虽听闻不少，却不能解悟。卧床期间，病房似有神兵拥绕，一切蚊虫不能逼近，室内绝无病人秽臭之气，反而有兰麝芬芳，每到夜间，就有车马脚步之声，环佩叮当作响，似乎许多贵人纷至沓来。我也尝窥视，却只闻其音，不见形象。七日之后，你伯父突然醒来，精神健旺，毫无病态。问他昏迷时有何际遇，他只说：'你也知道这些是上界隐秘之事，不可妄为泄露。'我也就不再多问。自此以后，你伯父整个人都变了。原本他是江东有名的美男子，身材最是匀称，健壮而不臃肿，颀长而不羸瘦，面容俊秀，让人见之不忍转睛，声音清越动听，若叩金石之音。自从石头城七日后，变得清瘦露骨，面颊消减，长额疏眉，声音跌宕，语速缓慢。不再是人间英俊男子的形象，却望之有类于画卷上的神仙中人。从那时候起，我就知道你伯父迟早要脱离俗世，专修仙业了。"这些事，是陶翊从来没听说过的，望着侃侃而谈的父亲，他感到有些晕眩：似乎伯父不再是原来的伯父，而父亲也不再是熟悉的那个父亲。身边的世界好像发生了剧变，一道神秘的大门被推开了。"就在这一年，你伯父开始与隐居的道士们来往，第二年，更是请了长假，花大半年游遍了江南的名山大川，回来之后行囊内装满了各地收集来的书卷秘本。从此，他公务之余总是闭门研读誊写这些卷本。我越来越觉得，公务似乎成了他的累赘，而在内室研究这些抄本才是他的正业。直到今日，有此脱袍宫门的事，可谓是意料之外，情理之中啊。"这一番话，可能在陶弘愿心中积压已久，说完以后，他轻松地呼了口气，像是卸下了一个无形的重负。

此时，陶弘景本人正在宜都王府与他的学生及好友话别。十年来，陶弘景看着宜都王从一个初学认字的儿童长成今日的翩翩少年。在他身上，似乎能望见当年自己和亡友刘俣的身影——是啊，当年我们也是如他这样年轻，这样好学，心中充满着对美好事物的向往。十年师生情谊，一朝面临分离，双方似乎都有许多话要说，却只是执手呜咽，不能成语。那伤感的样子，似乎是在作生死诀别。左右之人见此情形，无不泪下。送走陶先生后，王府众人说："王爷您既然如此割舍不下，为何不挽留先生？""吾师此行，乃是天下之盛事，就连当朝天子也不能以君臣大义加以阻止，我又怎能为了一己的私情而累先生流连俗尘呢？"言罢吩咐府中以妆镜、衣冠、书籍、车乘等物赠送先生，吩咐五六个最亲信的近侍一路送行。又拨出数位府吏，让他们做先生山中隐居的仆役。武陵王、桂阳王、鄱阳王等数位皇子也都赠送了礼物，并拨给钱粮人员相助。

数日后，行李整顿齐全，车马和舟船也安排妥当。陶氏伯侄和王府的差役从东门出了建康城，行到东郊征虏亭时，只见满朝文武百官早就恭候在此，为陶大人饯行。亭中设了筵席，周围的空地上则是都城百姓自设的酒席，他们也要来为陶大人敬上临行的一杯酒。众公卿无不赞叹说："自从衣冠南渡以来，未曾有过这样的盛事，今日我等躬逢，真是三生有幸啊！"众人又央陶大人作一临别致辞，陶弘景说："想当年的秦始皇、汉高祖、楚霸王、吴大帝，都是势横海外，雄架天维的英雄人杰，可是一口气接续不上，难免归于黄土，化作丘壤，何况你我这样的平常人呢？如今我要高攀云岭，下临渊潭，求访仙真，探寻洞府，为的就是这生死至大之事啊！"听了这样的话，众人悲喜交集，欲答无言，只有举杯为敬。欢宴持续到了日暮时分，大家才依依不舍地离去，临别时，众朝臣中有人道："鸿雁怀着孤高的志向飞往遥远的天际，我们这些贪恋稻粱的可怜人啊，只顾在罗网中挣扎跳踯。"

自建康东行，舍车乘舟，伯侄一行来到了祖籍丹阳的南方，句容县东南，今日的金坛市境内。二人坐于船头，观赏着江南水乡的景致，这便是本章开头提到的那一幕了。离京之先，陶弘景只将确切的目的地告诉了少数必须知会的人。公卿百姓唯知他将前往东面故乡旧地而已。此时，少年陶翊固然已经知道他们此行的目标——句曲山，但对此山却毫无所知。

面对侄儿的疑问，陶弘景娓娓道来："这个地方，古代叫作句容里，后来才建立县制，称句容县。其间有群山蜿蜒，因为山形屈曲，故被称为句曲山。古时此山又名句金坛，或名积金山，相传其间有积金所成的祭坛，号曰金坛百丈。其坛虽不可觅，但汉及东吴时开采金矿的矿坑旱井，至今得见。此地丘陵，即称为金坛之陵，所以这一方区域，总名金陵。上古《河图》中记载，金陵乃是福地，刀兵疾疫，洪涝干旱等灾不能侵犯此地。而句曲山体则是金陵之地肺，因为该山土良水美，佳气所钟，凡是水源、

矿脉、宝物行经此山，则浮出地面，有如大地吐纳呼吸之处，故名地肺，实在是福地中的福地，华阳洞天。"

"但是，如今民间都呼此山为茅山，可是因为产茅草吗？"陶弘景闻言哈哈大笑，说："你这可真是望文生义了。也难怪，你在京中只研习六艺经传，哪里知道这些典故呢。茅山的称呼，起源于汉时咸阳南关的茅姓三兄弟。这三兄弟的高祖叫茅蒙，因为知道周德将尽，故而不出仕于诸侯，而是追随鬼谷先生修道，学成后乘龙飞升。曾祖和祖父都在秦国为官。父亲生在汉初之世，无心仕途，在家务农，生有三子。老大茅盈，十八岁时就弃家赴北岳恒山隐居，钻研老子五千言和周易经传，并且服饵内修。六年后，因其至诚，感应到神示，晓谕他前往西城拜见王君，随之学道二十年，后随王君至龟山拜见西王母，受玉佩金铛之道、太极玄真之经，四十九岁时学成得道，遂下山归家奉养父母。在家尽孝期间，于乡里治病救人，为当地众人所敬仰，人称大茅君。老二茅固，汉景帝时举孝廉，后来做到了武威太守，后来又称为中茅君。老三茅衷，曾任洛阳令，后拜为五更大夫、西河太守，人称小茅君。大茅君侍奉父母得享高寿，

◎ 大茅真君

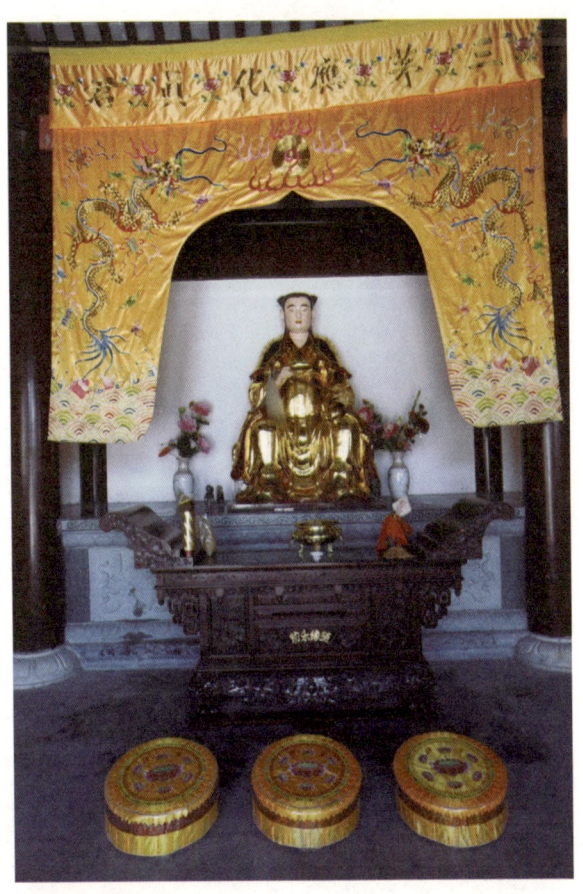

◎ 二茅真君

寿尽之后又度他们生天。两位兄弟回家奔丧，大茅君为点化他们，显示神通妙用，从无中而能生有，变出种种上味美食，以酬谢前来助丧的乡亲，使千人饱饫而归。又向二位兄弟展示天宫美景，父母如何在天界享福，随后坐白鹄飞升，留话说：'欲求此道，可来江东句曲山寻我。'于是两兄弟守孝期满，辞官渡江，至此山寻其兄长。大茅君乃授以延年不死之法。两兄弟修道三年，服九转还丹后，亦飞升成仙。三茅君成道以后，各治茅山一峰，兄长居最南高峰，故此山名大茅峰，二弟居其北一山，故名中茅峰，三弟居更北一山，名小茅峰。三位真君常骑白鹄往来，山人屡见。凡有祈祷，灵应如响，故乡民建祠于山下，名为白鹄庙，而此山也被称为茅山。"

说到这里，陶弘景起身，从船舱的一个箱子内取出卷轴一挂，缓缓展开，道："这就是三茅真君圣像。"只见三位神仙妙相庄严，栩栩如生，中间一位童子形象，头梳双髻。边上两位则是中年样貌，五柳长须，束发戴冠。陶翊不解道："中间这位想必是大茅君，只是兄长怎么反而年少？"伯父哈哈一笑："你怎么忘了，大茅君十八岁出家修道，其时尚未行冠礼，古

礼士人二十而冠，不像后世十四五即冠，故一直作童子装扮。因为他得道最早，所以童颜永驻，而两位弟弟中年辞官修道，虽然也得成就，却显得比兄长更为年老。所以说，做什么事都要趁早，人生苦短，时不我待，我以将近不惑之年出世，比起先贤来，真是迟了啊。"

言谈之间，船已到了近山的一处码头。句容县衙早得到京中消息，差人来迎。下船后，衙役将众人引至山脚下事先租赁的民居安顿，并问："宜都王府差来监造道馆之人已先到了，工匠、建材不日就能齐具，只等大人卜地

◎ 三茅真君

开工。""不必卜筮，大茅峰和中茅峰中间有一山，名唤积金，其处甚宜修道。积金岭西麓有水泉，可在近水处建上下二馆，上馆用以研虚守真，下馆用于炼丹合药。""小的明白，一定命他们火速赶建。""不必催促，只要冬月之前能有容身避寒之所便是。哦，对了，我已解官出世，不必再称大人。"衙役面有难色地问："那小的如何称呼为好？""我既隐居此地，从此就以'华阳隐居'为号。你们称我陶隐居便是。"

伯侄二人就先在山下暂住。休息数日，陶隐居携带干粮饮水，手挂竹杖，对陶翊说："今日我们将进山察看。"二人轻装上路，先是来到北陲良常

山，登至岭上，陶隐居指着一块状如磨盘的大石头说："这磐石是秦朝遗物，石盖以下为竖穴，入地九尺，其底有一石函，中有白玉璧一双，是始皇帝在此山祭祀时所埋藏的。另外，此山附近有不少汉朝人窖藏铜器之所，皆以磐石为盖，总有铜不下数千斤。"南行至小茅山顶峰，见有数个石堆，先生指点道："这些貌似墓冢的堆石以下三四尺，是王莽遣人奉献的百镒黄金和五枚铜钟。另有汉光武皇帝遣人献上的五十斤黄金。"继续南行就到了中茅山，山岭高处，有四块巨石按东西南北方位聚合一处，似乎也是人工所为。陶隐居道："此下二丈，是司命真君藏丹砂的药窖。当年真君埋藏了西胡出产的上等玉门丹砂六千斤于此。初埋时，因有水泉从此地经过，故中茅山左右泉水都被染成赤色，饮之有益于人。恐是仙真怕丹砂流失殆尽，而改变了水流方向的缘故吧，如今此山的水已少见有红色的了。"言罢下山，前往中茅、大茅之间的连石，也就是之前隐居先生吩咐建造道馆的所在。只见此横垄正处于南北两峰正中，纯是岩石构成，石形清奇，两侧多岩穴洞窟，望之不能见底。陶隐居从怀中掏出一个药瓶投入，瓶子撞击岩壁玲玲的声响久久不绝，可见其深。陶翊不解道："先生此举何意？""你有所不知，历来仙真多往这些洞穴内投放金玉珍宝，我今过此，无珍宝可献，投一瓶药，聊表心意，也算效法先贤。这些洞穴内黄金极多，不下数万斤，故而此山名为积金山。"

说话间就来到了兴建道馆的工地，这时天色已晚，就同监工们一同用过晚饭，在工棚休息一宿。翌日天明，陶隐居向侄儿指点："此山左右都有好泉水，不但适于饮用养生，更可炼丹合药。岭下东南方有一水泉极宜炼丹，只是近于道路，车马相闻，不如此地清净。"又对监工的几位衙吏吩咐说："此山最宜松柏生长，只可惜无人移植。可令工人去苗圃购买各色松柏树苗，栽种于道馆四周，多多益善！"又说："下馆冬月之前完工以备寒季居住，上馆可慢慢建造，但需格外厚重坚实方可。"监工不解其意，只是唯唯应诺而已。翌日清早，伯侄又策杖南行，往大茅峰去了。

踏着沾有晨露的苍苔，鼻腔中灌满了百花、药草混合成的香气，常住此山，即使不事修行，人也会有飘飘欲仙的感觉吧。"哦呀！"陶翊的一声惊叫，打破了晨曦的宁静。陶隐居回首注视，只见山路边的草丛中盘踞着一条

小儿手臂粗细的大青蛇，正昂首吐信，一双小小蛇眼瞪着来人。"安心安心，此种青蛇并不伤人。此山各处皆无毒虫，有蛇却无毒也不咬人。又有少量虎豹出没，但自古以来，从未听说有人受到袭击，亦不见有猛兽吃剩的獐狍麇鹿之类残骸。也可能这些偶然一现的虎豹是神仙坐骑，并非寻常野兽吧。"

登上大茅峰顶，只见一片开阔空地，草木不生。中央是一石块堆积而成的小坛，周围有焚香燃灯的痕迹。边上原有数间瓦屋，也不知是庙宇还是修道人的居所，现已完全倾圮。陶翊不解道："之前所见诸峰，都有古人或仙真藏宝，这里是茅山主峰，又是大茅真君所治，反倒没有宝物，不知是何道理？"伯父闻言莞尔，曰："自然有宝。就在这小石坛下，有一磐石，其下八尺，是昔日玄帝所藏宝鼎。其鼎可容四五斛，雕刻精美异常，是上古的神器。""可是，别处都有金玉宝物，动辄千数，此山为句曲至尊，却只有一鼎而已？"陶隐居拈须微笑："你倒是问得犀利！确如你所言，就在此峰左右，可能在我们脚下，也可能在附近，有一宗绝大的宝物。这个宝物叫作天市坛。此坛并非如我们眼前所见的小坛，用石块砌成，而是一整块巨大无比的磐石做成的独石祭坛。这块石头是西方的璞。此石出自安息国天市山，故名天市石。以其巨大，本非人力所能撼动。玄帝之时，民人沉溺于巫术，只知驱使鬼卒以谋私利。圣王颛顼为正人心，制定了对天地祖宗及各司正神的祭典。以此盛德，感动神灵为之服役。四海之神将这宝石运至于此，立为祭坛。而玄帝为酬谢神明，在坛四方各二丈远处掘地九尺，砌造石室。共为东西南北四室，每室藏赤金、脂玉各九千斤。后世人心败坏，仙真恐不肖之徒盗掘宝物，自取罪愆，故在坛上覆盖土石，种植草木，所以今日不能目睹了。"

回到住所，生活又恢复了往日的节奏，陶翊每日上午读书，下午听伯父的讲授，日常作息与在建康时没有什么不同。只是每天陶隐居都有半日的时间独坐书斋，似乎在研读和整理一些稿件，这些稿纸有专函收藏，不让闲人触碰。某日下午讲书完毕，陶翊提出了一个这些天来一直存在心中的问题："伯父您来此山，是因为之前指示给我看的种种宝物吗？"隐居先生闻言正色道："当然不是。那些宝物都属上界仙真所有，凡夫怎可妄图盗窃？即使俗人有此大胆，也必受神兵天将的诛戮而不能得逞。只有真心求道之人，修行之中偶有匮乏，在仙真的降示之下才可取得，也不能任意多拿，不过按需借取，借以办道罢了。"

"其实此山最大的宝藏，并非金玉。出金出玉的山，天下尽多，而此地称第一福地，必然有贵于金玉者在。你还记得我们谈到的那块安息国移来的天市石吗？你想，别处的磐石下都有竖穴石窨之类，这块绝大的璞玉自然也不例外，是起到一个盖子的作用。它所遮盖的，又会是什么呢？"陶翊心想，比金玉还要珍贵，还能是什么？摇摇头。"这块巨石所遮盖的，是洞天的天窗。其下不是竖井或者岩窟，而是三十六洞天中位列第八的句曲山金坛华阳之天。"陶翊这下是彻底糊涂了，什么？"洞天"？

"我们这个日月星辰所在的天，名为大天。大天之下，又有三十六小天。这些小天隐于地下，是仙真所在的秘境。因为这些秘密世界与外界的通道常是山洞，所以又叫作洞天。洞天虽处此浊世，却是浊世中的净土。污秽罪重之人不能窥见，也不能进入。或有人质朴实诚，心中洁净，偶然误入洞天，却因没有仙缘，还以为自己不过是在山中走

◎ 洞天福地

失，糊里糊涂来仙境走一遭，又懵懵懂懂地走了出去，如在梦中，不知所以。只有诚心求道，修行有成的人，才能得到仙真接引，进入洞天求法学仙。这华阳洞天，就在茅山山体之内。此山中空，容有隐境。此境犹如人间城郭，为方形，东西四十五里，南北三十五里，周遭四面和顶壁皆是岩石。顶距地表十三四里。其底则如此间世界一般，有土石植物水流等。其空中有阴辉阳精两个光体，圆形如日月，它们是日月之精的分身。形态作用都与日月相同，其东升西沉，司昼司夜，都与大天日月一致。句曲洞宫有五道大门，南有二门，其余三方各一门。出门有层层石阶，通向山洞，开口在山四侧。外口狭小，又常被树木藤草所遮蔽。若能心怀精诚，斋戒祈祷，便可找到这些洞口。但即使找到，倘无仙真接引，走到半途也会为守洞鬼神所阻，或有猛兽挡道，或有山石塞途，或有水火涌出。除此五门外，洞府顶壁正中有一天窗，以通天地之气。只因世道人心败坏，众神恐怕俗人庸众污亵圣地，故而玄帝请四海神以安息国美玉遮蔽此窗，也就是那天市石坛。须知洞府中仙人出入并不经此五门，他们来去迅捷，随念而至，全不受任何滞碍。人心中亦有洞天，当使我之洞天大开，以与身外洞天相和。"

陶翊听得如痴如醉，简直不知今夕何夕，身在何所了。半晌之后，才回过神来，问道："那伯父选择此地清修，自然是为多多亲近洞府仙人。有仙人指引，一定能炼成金丹，白日飞升。"陶隐居摇摇头，说："修炼金丹非吾愿所在。"说着进入内室，取出一大函，置于案上。又盥手漱口，焚香再拜。这才开函，取出其中的纸张、卷轴、书册、绢帛等物，形色不一，其上文字有端正的隶书，也有章草，还有一些则是形同蝌蚪古文的图形。"这，就是我来此山要做的一件大事！"陶隐居指着这些看似凌乱的书卷说。"恕侄儿愚钝，这些是？""你父曾和你说过，近十年前我在石头城的那次际遇吧？他应该也同你讲过，此后我先来此茅山游历，后又遍历江南名山，流连二百余日。你可知这期间我都做了些什么？"陶翊摇首说："家父未曾提及。""石头城大梦七昼夜，其中多有机密之事，如今尚不能泄露。有些事情既已发生，不妨告诉你知道。我在梦中受高真指点，寻访到吾师孙真人。这位真人讳游岳，是陆真人讳修静的弟子。陆真人是上清经法第七代宗师，孙真人是第八代。我与孙真人有约于先天，此生他当为我师，传我大法。只因我沉沦浊世，迷醉红尘，竟至忘此前定，多蒙高真于石头城梦中唤醒，这才与吾师接续仙缘。待到访得吾师，他见我身上所负星斗图案，便知来历，就将杨许手书交付于我。"

陶翊又是一头雾水："伯父，这上清经法，还有杨许手书，不知又是何物也？"陶隐居道："这无上仙经通玄达妙，其统有三，故而叫作三洞，也就是三通。第一洞真，第二洞玄，第三洞神。此三者，是三景玄旨，八会灵章。出自凤篆龙书，金编玉字，修服者因而入悟，研习者得以还源。此三洞经符，是道教的总纲，玄门的要义。洞真以教主天宝君为迹，以混洞太无元高上玉皇之气为本。洞玄以教主灵宝君为迹，以赤混太无元无上玉虚之气为本。洞真以教主神宝君为迹，以冥寂选通元无上玉虚之气为本。洞真传上清法。上清者为大乘，内炼身中百神，回风混合，复归虚无为要。洞玄传灵宝法。灵宝为中乘，修斋度人，广扬经教为要。洞神传正一法。正一为小乘，驱邪治病上章谢罪为要。正一法由太上老君于后汉顺帝时在鹤鸣山降授予祖天师（姓张讳道陵）。百年之后，灵宝法由太上老君所遣三真人于三国时在天台山降授予葛仙师（讳玄字孝先）。又过百年，上清法方由清虚景林二真人降授予晋朝司徒魏舒之女（讳华存），她得道之后，称上清道主，南岳紫虚至道元君，是为上清道法开宗太师。上清大法下降人间不久，胡狄乱华，衣冠南渡。战乱之中，道法无传。待东晋建都江左，上清第二代玄师，上清真人至德真君（姓杨讳羲字义和）师从魏夫人长子刘真人。因其精诚，感得魏夫人及紫微夫人，九华真妃及其他四十七仙真降现，授予经法。杨真君又将此法传授许氏父子（许谧、许翱），杨许三位真人合力将众真降授书于绢帛纸张，这才有了成文的上清经。经法自二许真人传二马先生（为堂兄弟），由二马传陆真人，便是前述我的太师傅。由陆真人传吾师孙真人。至我则是第九代。而杨许三真人的手书，虽然吾师已经全部交付于我，但历经传抄，多有脱漏舛谬。师傅嘱我来茅山求取散佚真迹。在此山，由仙真指点，获得杨许三真人书信注疏多卷。复蒙指示，遍历江南群山，谒楼先生惠明于大洪山，遇杜先生京产于太平山，又寻沙门钟义山于晃山，皆卑辞膝请，方才获得真人手迹十余卷。至此散落人间各处的上清降授密卷都集合在我一身，由于年代久远，抄写错误，虽然各卷彼此互校，还是有文辞不通，义理不顺的地方。要想将这些抄本残卷校正汇集成书，非有众仙真指点不可。所以我辞官隐居，来此洞天福地，志不在炉火黄白，炼合外丹，而是要整理众真降授，先师手书，以传承大乘上清经法。洞神小乘正一法、洞玄中乘灵宝法、洞真大乘上清法每隔百年逐一下降，乃是为示由粗至精，由外至内，由显至隐的修道次第。可惜值此衰乱之世，邪师迭起，变乱正法。有叛臣贼子私造伪法败坏正一，煽惑百姓犯上；有巫觋事鬼之徒窜乱灵宝法，以方术小技炫耀神通，愚惑百姓以求供养；上清法虽至纯至粹，却因传抄流通之缺误导致经典不全，真伪陈杂。必要去伪存真，方能统合小中二乘，以成大乘之教。"

整个夏季，陶隐居埋头整理真迹抄本，陶翙攻读诗书，不时上山视察工程，到夏末秋初，下馆已经初具规模。而这期间，有数位学人慕名而来，成为陶隐居的弟子，随其修道。也有意不在修道，而是前来学习文章经典的年轻人，他们便成了陶翙的同学。京中的亲友和众公卿也常有书信礼物送来。尤其是宜都王，每月数次差人供养、问安，而陶隐居则题诗桐叶作为回赠。

山中宰相　齐梁之间

与山中平静和乐的气氛相反，这年秋天，京中出了一件大事，并引发了一系列的骚乱，这件大事就是，享国十年的齐武帝驾崩了。随着他的崩逝，永明之治也就画上了句号。武帝的长子文惠太子早于其父而亡，故而如今继位的是皇太孙萧昭业。虽然这位皇太孙因为工于书法和容颜俊秀而颇得先皇的喜爱，但实际上却是一个贪图享乐、胸无大志的庸才。继位之后只知奢靡无度，娱乐挥霍，一切政务都托付给西昌侯萧鸾。这位萧鸾，是齐高帝的侄儿，齐武帝的堂弟。此人素怀篡夺之心，如今见新主昏庸，大权在握，便发动政变，将在位仅仅一年的皇帝废为郁陵王，然后又将其赐死，另立其弟萧昭文为帝，两月后又将新帝废为海陵王，不久亦赐死，时方十四岁。连废、弑两帝之后，西昌侯萧鸾终于自立，是为齐明帝。这正是陶隐居入山后第二年的冬季。

一日早晨，陶翊和众弟子、学生照常到静室请安，却见先生面带泪痕，神色惨淡，众人惊问为何。隐居答说："吾友宜都王已于昨夜薨逝了！"言罢掩面而泣。众人讶异，不知师傅在此深山，如何得到的消息。哭罢多时，先生定了定神，说："昨夜梦中，我见宜都王来辞，言已非此世间人。我欲挽留片刻，以叙别情，终因人鬼殊途，不可久停，于是执手恸哭，永诀终天。"众人皆说梦中之事不可轻信，且宜都王年仅十八，素来康健，怎会忽然辞世？正劝解时，宜都王府的一名府吏身着缞麻，跌跌撞撞闯入门来，伏地大哭道："王薨矣！"众人这才叹服先生梦之有验，连忙搀起府吏询问详情。原来今上（齐明帝）继位之后，只因自己是旁支小宗，弑君篡位而得国，为防止宗室造反，竟然下令将齐高帝、齐武帝的子孙屠戮殆尽。宜都王虽无罪，也未能逃过这一劫难。

正当陶隐居率徒在华阳馆设斋为被杀宗室诸王超度之时，京城的诏书到了。使者来到道馆，彼此见礼之后说："今上早就听闻先生的高名，深为赞赏，如今欲请先生出山，为了天下苍生的福乐，再受官职，襄助朝政。""我不过一朽人而已，当年因无德无能，愧受俸禄，所以才辞官隐居。如今久住荒野，朝仪俱忘，怎敢不自量力，亵渎天颜呢。"使臣似乎早就料到了这个答复，立刻回应说："主上固知先生志向清高，亦不敢强求先生屈就，不过先生是否可以迁至蒋山（今南京钟山，亦名紫金山）居住。彼处一样有青山流水，却近于京城，皇上可随时前来请教。""皇上如此盛情，朽人何德何能，真是愧不敢当。但蒋山却不可住，只因九百年后将有圣天子葬于彼山，若在此山伐木掘土，营建宫观，恐怕破坏地脉，泄其佳气。"说罢取出一封信函，道："请将此函上呈陛下，主上聪明睿智，自然一看便知。"使臣见状，也只好依言而去。

御案上放着来自茅山的信函，明帝听罢使臣的报告，摇头说："先生不肯出仕，朕早已料到。连蒋山都不肯来，无非是怪朕杀伐太甚，伤了他多位旧交的性命。什么未来天子陵墓，自然都是托词。朕欲为此乱世立极，许多事是不得不为。但朕真心爱惜此人才能，若再三去请，想必他也能体会朕的一番苦心。"言毕开函展读，却是一首诗：

> 山中何所有，
> 岭上多白云，
> 只可自怡悦，
> 不堪持寄君。

"真是世外的高人，不是世俗假道学之流可比。"读了此诗，皇帝不由得如此赞叹。再看下去，却是一行行密密麻麻的小字。越往下读，这位万岁爷的神情就越是变幻不定，先是惊讶，然后是惧怕，最后则是惭愧。使臣见状，知趣地不再多问，行礼告退。深受触动的天子起身，向着茅山方向深深俯首致敬，在内心说："朕只知先生您有才学，如今才晓得之前对您的猜想是何等浅薄！朕心中所疑惑，所欲请教的诸事，不待发问，先生就都已明白作答。方才朕还认为先生妄言未来以作托词，真是用凡夫之心度量神仙之腹，惭愧啊，惭愧！"

虽然陶隐居既没有重做朝臣，甚至也没有移居京城近郊的蒋山，但明帝更加敬重这位先生，时时予以厚赐，每月总有三四次差人问安，并请教政务。既见皇帝推崇，各方人士闻名而来者也就陡然多了起来。其中虽有诚心求道问学者，但更多则是猎奇索怪、无聊轻薄的庸俗之辈，先生不堪其扰，不但整理众真诰授的工作大受影响，甚至有时连自己静修的时间都被访客占用。遂召来工人，命他们将上馆翻建成三层楼房——此时陶翊和旧时参与营建道馆的工人才明白，为何当初吩咐上馆需修得加倍坚固厚实。因陶隐居早已备下建材，楼阁很快建成。当年周围所植的松树也都成活，先生遂为翻修成三楼的上馆题额曰"松风阁"。底楼作客堂，由弟子代师接见前来拜访者，二楼则是弟子静修之所，三楼供先生独居，仅仅每天晨昏由一两位弟子上楼奉上衣食饮水等物。从此陶隐居与物顿隔，潜光隐耀，

○ 松风阁，陶弘景宗师修炼处，一层又名宰相堂

离事专修，闭关长静，无为而无不为。

一天，陶翊上楼为伯父送餐，问安毕，俯首祈请道："侄儿来此山三年，独遗家君在京，心中时时挂念，今见伯父弟子已众，或许侄儿可以告假返家，侍奉双亲？"先生答道："你可暂去探亲，但还需在此数年，待到一个劫数过去，再回建康长住。"陶翊深知伯父嘱咐皆有深意，当下唯诺，再拜而退。

不惜杀尽叔父和堂兄子孙而取得的君位，明帝不过坐了四年，四十六岁的他就因病而撒手人寰。明帝第二子萧宝卷继位，是为齐废帝。这个废帝是六朝时代，乃至整个中国历史上罕有的暴君，几乎可谓集桀纣幽厉之恶于一身，其暴行之残虐，史册未见。其人嗜杀如同虎狼，贪淫过于狗彘。虽说茅山是清净福地，但毕竟处于金陵，靠近京城，君上无道而造成的种种乱象，也波及了句曲乡村。各种可怕的传闻在修道人和学子的心中激起了阵阵涟漪。常有人就时局之事请教隐居先生，每次先生都摇头道："时未至也。"当亲近弟子求问时，先生则伸出三个手指说："后年见分晓。"

三年间，举兵造反者此起彼伏，遍及南齐全境，但皆旋兴即灭。废帝越发肆无忌惮，滥杀忠良，荼毒百姓。永元二年年底的一天，隐居忽召陶翊和弟子戴猛之到三楼静室议事。这戴猛之是陶先生入山后收的徒弟，最是胆大。二人入室行礼毕，正坐一侧，静候先生吩咐。"齐的气数已尽，如今天命已不在建康宫中的那一位身上了！"二人乍闻此言，惊得一个趔趄，若非席地而坐，只怕就要从座位上摔下来了。隐居先生微微一笑，道："之前时候未至，你们盯着我问，如今时候到了，你们反倒害怕成这个样子。"

沉吟片刻，先生道："我们离尘清修，不是单做自了汉，更要度化众生。如今有一桩关系天下苍生运命的大事，要你我去做。"说着，先生从书案上拿起一个信函，向戴猛之道："这一封信，你前往新林，交给义军统领，雍州刺史，征东大将军萧叔达大人。此信涉及机密，万万不可落在他人手中。"戴猛之趋前，收下信函，保证说："弟子誓与此函同存亡。"先生又向侄儿言："现时国家糜烂已经到了极致，今日适逢一阳来复的冬至嘉节，天下的运势也将逆转。你可悄悄进京，告知你父，明春大事可定，此前宜去老家乡间暂避。"陶戴二人走后不多几日，隐居忽觉心血潮涌，起占一卦，知事有不谐，乃召弟子李嗣公入见，对其言道："兹事体大，故必有磨难。戴猛之已与萧将军错过，你今速持书信复件，前往石头城求见。"李生遂领命而去。

此时石头城内，一位当世的英雄正满心焦虑地枯坐灯下，若有所思，又若有所待，他便是征东大将军本人。这位萧大人名衍字叔达，出身兰陵萧氏望族，是当朝天子的宗亲，其父萧顺之是齐高帝族弟，因襄助高帝灭宋兴齐有功，受封临湘县侯，官至丹阳尹。而叔达本人，从青年时代就以深厚的文学造诣而闻名，是永明年间的文坛领袖"竟陵八友"之一。叔达的长兄元达（名懿）是一员勇将，曾成功抵抗北魏的入侵，又为废帝平息了裴叔业、崔慧景的叛乱。谁知废帝竟然因其功高而生猜忌，终以莫须有的罪名将他赐死。此时明帝第八子，南康王（讳宝融）在江陵起兵欲清君侧。叔达眼见废帝无道，苍生涂炭，兄长勤王有功，却无端被害，家仇国恨集于一心，遂于襄阳举兵响应，被南康王封为东征大将军。数月来，义师势如破竹，一路东进，直指京师。可越趋近建康，萧叔达内心的压力就越大——会胜利吗？胜利以后又该如何？这两个问题萦绕在将军心头，使其夜不能寐。虽然义军之势有如摧枯拉朽，但退守台城的废帝仍有十万大军，而且城池坚固，粮草丰足。地方官员心中皆怨废帝无道，可回想年前崔慧景围攻京城，眼看就要成功，最终还是为援军所灭，故而各处守将拥兵自保，持观望态度。北魏则摩拳擦掌，随时准备南侵。如此局势，胜败尚在未定之天，亦难怪将军犯愁。更要命的是，一旦得胜，将如何处置昏庸无道的君上？尽管废帝恶逾桀纣，可南康王也没有汤武的英名，若遽行废立之事，难免在史籍上留下篡逆的恶名。叔达自幼读圣贤之书，孔孟经典的价值观早已沁入骨髓，这一个"篡"字，自然是其无法承受之重。

将军又想起旬日前自新林开拔时的一件小事：离开新林不久，有部下报告说，在皂荚桥遇一道士打探义军大营所在，道人自称茅山陶隐居弟子，有要事面见征东大将军。事涉军机，部将不便告知道人大军前往何处，道人只得悻悻而去。"茅山陶隐居，莫不是永明末年挂冠神虎门的陶通明吗？"叔达想起，当年竟陵王府的文会上，这位陶大人也曾是常客，其文采和书法俱有可观，后辞官离世，清修于句曲，亦是士人中传扬一时的佳话。"此君为何遣徒求见于我？只是一日之差，生生错过，真是憾事。"将军正心中纳闷，只听帐下来报："有一李姓道人求见，说是陶隐居派来，送上日前错过的信函。""快快宣他进帐！"一个形容清癯的青年道士进门行礼，从怀中取出信函，奉于将军面前的书案上，道："将军近日所疑所虑之事，家师已于信中详答。"言毕又施一礼，飘然而去。信中并无惯常尺牍文字的客套话，只有两条："一、继续围城，必能制胜。二、无须多虑，将军不会得篡弑之恶名。"

不久，京师守军都督张稷、徐州刺史王珍国等起义诛一夫，开城迎义军，陶隐居的两条预言皆得应验。宣德太后下诏废除齐废帝的帝位，降封为东昏侯，以诸侯礼安葬。南康王受命于江陵称帝，是为齐和帝。征东大将军萧叔达则受封为梁公，并以中书监、大司马等职主理朝政。从明帝自立并屠杀宗亲以来，天下久已不服齐室，东昏无道，更是失尽人望。如今和帝少弱，不足以重整河山，收拾民心，黎元百官皆瞩目于梁公，和帝也自江陵朝堂多次颁诏，欲禅位于梁公，却均遭拒绝。此时的萧叔达，正可谓"如临深渊，如履薄冰"，先汉王莽故事前鉴不远，若自己没有天命，贸登宝位，怕只能落得个事败身死，贻羞万代的下场。此时，茅山书信又至，梁公启视，此函和上一封信的简短恰好相反，有厚厚一沓。文中广引古今图谶密书，处处皆成"梁"字。例如王子年的《归来歌》中有"水丑木"字，三字所在之处都是称羡之词，而合三字则成"梁"。在王君的《回文》

《识焉》《荣牵》三首谶诗中，也都显示出"梁"字为继齐的应运之符。信中又列举了近来的各种祥瑞，诸如甘露降于三茅峰、茅山上空云作龙形等。自从和帝反正以来，各地官民向梁公劝进者不下数百，然而其书信言语大多充满谄媚之词，鄙陋不堪。像陶隐居这样博引古今、有理有据的上书，梁公还是第一次读到，加之此前石头城预言的应验，使他对来自茅山的信息另眼相看。既然解开了心结，梁公对于西台（和帝在江陵的朝廷）的特赐（禅位前的礼仪准备）也不再拒绝，次第恭受了九锡（九种特别的赏赐：一锡车马，再锡衣服，三锡虎贲，四锡乐器，五锡纳陛，六锡朱户，七锡弓矢，八锡铁钺，九锡秬鬯。是人臣所能接受的最高荣誉）。在三辞之后，终于接受太后与和帝的禅诏及群臣的劝进表，同意即皇帝位。

　　大事既定，就要择日举行告天、受禅、即位的大典。此时梁公心中已经将华阳隐居看作可以传达天意的精神导师，故遣人往茅山咨询典礼的举行日期。陶先生经过推演，提出了数个吉日，并指出四月初八丙寅日为最佳。朝廷依言择定四月初八为大礼吉日。谁知到了此日前夕的四月乙丑晚间，开始飘落蒙蒙细雨，一夜不停。见此情景，朝廷百司和茅山众弟子都不禁为隐居先生捏了一把汗。次日天明，梁公及臣下只能硬着头皮准备前往南郊。法驾才预备好，雨就停止，天放大晴。一路向南，只见街道被雨水冲洗得一尘不染，出城以后，路边草木青翠，枝叶间带着晶莹雨露，显得生机勃发。在南郊焚燎告天，受齐和帝禅让，即天子位，改国号为梁，建元天监，梁公史称武帝。此后銮驾回宫，接受庆贺。一天礼仪结束，傍晚时分大雨复

◎ 梁武帝

至，似乎雨师将白天该落的雨水特意留到此时一并降下。望着户外一片滂沱，已经身为天子的梁武帝不由得感慨陶隐居的先见之明，扼腕叹道："天命不可欺，予今知之矣！"事实上，陶隐居所择之日本身就深具谶意：这天是悉达多王子降生、天龙护法吐水浴佛的吉日。此一缘起，预示这位天子虽然重儒敬道，但他受度化的因缘却在佛教。

此后武帝对陶先生愈加钦重，遣使臣至华阳馆请先生出山辅政。隐居对此似乎早有预备，奉上一函道："陛下见此自然明白。"使者持函复命，天子启封看时，却并无书信，而是一幅画卷。图中绘二牛，一头在田野闲游，安然自得；一头身披锦绣，数人手持刀杖绳索尾随，虽显富贵，却不得自由。武帝看罢，叹息道："此人在世俗眼中或是曳尾泥涂之龟，自甘清贫以全身，实则仙家池中之龙，神通自在而不可测。这等风骨，安得罗致为人主之臣！"一番感叹之后，武帝又修一书，问了两个问题："一、如今朕虽为万乘所累，但心中却欲就先生为师，东向修弟子之礼，不知可能得到摄受？二、不知朕享国历数几何？"很快武帝就收到了回信："一、陛下贵为九五至尊，臣是方外野人，岂敢作天子之师。但数年以后，太子与臣下却有一段师弟之缘。二、汉光武皇帝享祚四八（卅二年），陛下则直至七七（卌九年），然后才是乘云上宾之时。"

炼丹合药　飞举升仙

天监三年的一天晚上，隐居梦见有人说："丹亦可得作。"同一时刻，梁武帝梦中闻听："有志无具，于何轻举，式歌汉武。"醒来后，皇帝深思良久，又想到当年受禅之初，隐居对自己做出的长寿预言，悟到此梦是仙真开许炼丹的征兆，于是差人请陶先生修合丹药。先生笑答道："陛下难道是要我学少君吗？"（李少君，汉武帝时候的方士，以法术欺诳君王，谋求名利。）武帝闻言，心知大事不可轻举，故而先生未肯遽然答应，便又修书一封，细述之前梦境中所闻。隐居见二人所梦符合若节，知天意不可违，遂

召来弟子中善于工程营造的陆逸冲以及精通合药的潘渊文，对之云："为师将要筑炉炼丹，需你二人辅助。"陆逸冲闻言讶异，问道："师尊所传上清妙法，重在存神内炼，不假金丹玉液这些外药。如今怎么我们也做此修合烧炼之事？"隐居答道："一阴一阳之谓道。凡事有隐则有显，有内则有外，无孤然独存之理。既然有存神内修，就有炉鼎外炼，此事理之必然也。且丹药之法，祖师所传，焉可偏废。华阳二馆多有世俗中人往来，耳目纷杂，不宜丹鼎。你二人可往积金岭东，营造丹房。又需开凿石渠，引水东流，以备合药。"隐居取出地图，详细指示当于何处吉地，以何法式营建丹房，以及开渠途径等事。二徒一一记下，领命而去。陆、潘于岭东秘密营造期间，陶先生在华阳上馆也没有闲着，命上首弟子王法明取来古今丹方细细研读。百日后，王法明见隐居书案上置左右两大书箱，右箱内装满书卷，左箱内却只有薄薄一册而已。先生知其不解，便为之讲说："右箱内皆古人流传丹方，却无一可用，因有四重难阻：一难方法舛略，也就是某些丹方传承中有脱略佚失或篡改妄加，导致其法难以解读或者不足凭信；二难品例卑近，也就是某些方药只能延年益寿，至多服而为地仙，不能获致白日飞升的正果；三难药物特异，也就是一些方子虽然正确无误，但所需药物包含域外奇货，山海珍粹，非人间寻常可获之物；四难违碍清规，也就是某些方剂需要杀生取药，血食祭祀，违背上清道法戒律。"王法明闻言叹息道："修炼外丹尚有如此诸多障碍，可见修真求仙之难！"先生颔首曰："这本是人间可遇不可求之事，若无仙缘，轻则破费钱财，枉耗精力，重则干犯天规，中毒暴毙。如今既得仙真降示，又有天子亲为护法，这才找到合用的仙方。"说着从左边书箱中取出那本册子，指示弟子说："这九转神丹升虚上经，是高真大法，而非中、小法类，由太极真人、长里先生、西城王君、太元真人次第传承而来。其文辞平实明晰，并无后人篡入的虚浮伪说，所列药品又都是可得之物，故而择定用此法修合大药。"

天监四年春，积金岭东的丹房、石渠、药井皆已落成，筑坛、安炉、置鼎等内部机要也一一完成。先生将华阳上下二馆分别托付给王法明、陆逸冲两大弟子主持，自己则带着潘渊文、许灵真、杨超远三徒迁往岭东丹室，开始了炼丹的准备工作。除了严格按照丹经指示，收集原料，鉴别和分拣药物，装料封鼎等外在程序，先生更是每日收摄心神，清斋净戒，笃诚笃谨，合内修外炼于一炉，以求合成至上无死妙药。经过半年多的准备，隐居用以阳燧（聚光镜）从正午太阳中取来的净火点燃了丹炉，开始了首次营炼。天监五年正旦之日，第一炉丹开鼎，对比丹书，所出之丹颜色不正，并非上品九转神丹之相。师弟四人随即开始第二炉的准备。又经半年多，这年的九九重阳之日，再次起火修炼。点火之后不久，鼎上多次出现细微的坼纹，必须随时修补。山中常有雷震，需善加护守，以防泄漏精华，又兼不可用烈火，只以小火烧焙。先生天性少眠，自此更是常常彻夜读书护丹。炼丹所用的燃料是奢糠，烧一炉丹，消耗量达一千二百斛之多。每到夜间，先生必然关闭丹房门户，以防山中野兽、邪魅精怪等闯入冲撞，室内烟气弥漫，久而久之，先生的视力因为烟熏而受损，灯下几乎不能见字。皇帝闻听，即赐下南海进贡的波律烛，此烛中含有波律香膏，焚之可清火明目。待至期限日满，开鼎验视，仍不成功。

虽有当朝天子保证炼丹的一切物质供应，无虑匮乏之虞，但经历了两次失败以后，陶隐居开始反省和检讨不成功的原因。他对弟子说："营合仙丹是非常之事，必须远离俗尘。但茅山离开市井太近，加之陛下时常差人来送所需药材，难免走漏口风，如今四周俗民都在议论炼丹之事，相信的人翘首盼望奇迹，不信者则信口诽谤神药，这些都是丹家所最忌讳的。如今最好隐姓埋名，改装出行，去往建安、晋安（今福建省内）隐秘的深山中另立丹室。因为彼处山深地旷，百姓未闻丹术，哪怕被人看见，也不会引发什么传闻或骚动。"隐居将这样的打算上书告知皇帝，武帝虽知炼丹极宜隐秘的道理，但想到先生若就此离去，行踪不定，音信难通，无法常加请益，实在难以舍离，故而回信颇怀犹豫，一面希望先生不要远行，一面又不能断然阻止。天监七年春，隐居先生宣称要进行五旬静斋，离事专修。事实上却秘密携陆逸冲、潘渊文二徒夜半出山。既离茅山，先生自称姓王名整，官居外兵（外兵参军）。一行人原本想渡过浙江，经天台山南下入闽，谁知江水汹涌，难以横渡，只得溯流而上至东阳郡的长山。当地

人都说南路有海盗，很不安全，劝他们放弃前往建晋地区的打算。一夜师徒宿于瞿溪石室，梦中有人言："欲求还丹，三永之间。"先生自忖，仙真所言三永，或是永嘉、永宁、永康三地。出外访求此间名山胜境，村民都说："从你们所住的石室出发，走百多里，即是永康的兰中山，于此县境最为高峻。"师徒一行三人前往勘探，果然山清水秀，适宜炼丹。谁知居之不久，发现此地少有水田，难以收购烧丹炉所需燃料——稻糠，才安顿下来的"王外兵大人"一行只好又起身前往永宁境内寻访吉祥胜处。

一夕，先生道："永宁县令陆大人是我故友之子，如今既入其境，当前往拜访。"二徒闻言惊疑，心想此次出行为避人耳目，甚至不惜用假姓名、冒充军职，对于地方官员自然是避之唯恐不及，如今怎么还去主动叨扰？先生为彼等释疑道："这位永宁令陆师卿（名襄），便是当年'竟陵八友'中太常卿陆佐公（名倕）大人的从侄，此人素有忠孝之名，又是爱民如子的好官，该当前去拜访。"言及于此，先生顿了一顿，又说："前定之约，必由陆公引见。"师父一番话，不但没有解开二徒的疑惑，反而更令他们摸不着头脑了。待到来至永宁县衙，陆大人闻报"王外兵求见"正一头雾水，见着隐居先生之面，才认出是父亲和叔父的旧友，连忙重新见礼，以子侄辈身份问候。听罢先生叙述此行经过，陆县令感慨不已，说："本欲请先生到寒舍歇息，方便就近请教，但恐世俗污秽，有碍清修。本县有天师治堂一处，其地清净，或堪居住。"陶隐居道："如此极好。"陆大人便亲自将他们送到天师治堂。师徒一行安顿妥当，与陆大人在客堂共用斋饭，只见一位十多岁年纪，肤色白皙，身材瘦弱的少年近前伺候进馔。陆大人介绍说："这孩子姓周，名子良。他生父早殁，被过继给伯父为后。其母永嘉徐氏，虔奉道法，怀他之时，梦见仙真围绕己身，众人都说此子与道有缘。他从小受姨母抚育，这位姨母曾出家为女冠。这个孩子自幼端庄仁惠，性格和雅，家人从来没见过他脸上显露怒色。两年前，随姨母来此，寄居在天师治堂学道，如今一十二岁。"先生闻言微笑道："我受神灵感召，来至三永山中，今见此子，乃知神无诳语，不虚此行矣。"陆大人不解其意，无非唯唯而已。隐居一行在天师治堂修整数日，期间周子良侍奉甚勤，临行之日，子良沐浴更衣，殷重祈请陶先生收他为弟子，随之入山修行。先生慨然应允。

永宁县城中人都说楠溪青嶂山秀美可居，附近又多稻田。隐居师徒便前往此山结庐。可上天似乎与他们开了个玩笑，一连数年该地都闹饥荒，虽有成片的水田，却收购不到谷糠，到最后几乎连口粮都买不到了，加上饥民铤而走险，盗寇横行，形势很是凶险。秘密出行已经数年，却连炼丹的基本条件都无法凑齐，陆、潘二徒心灰意冷，垂头丧气，整日里长吁短叹。可"王大人"却安之若素，谈笑如常，似乎一点不因炼丹受阻而烦恼。先生对新收弟子周子良特别加意教导，次第传授了《仙灵箓》《老子五千文》《西岳公禁虎豹符》。而少年周子良除了恭谨地侍奉师傅、师兄，照料香火灯烛外，在学习方面也显示出特别的才能，不仅擅长文字书画，就连世间的各种技艺，只要稍经心目，就能掌握。

转眼间到了天监十年，一日，先生说："五岳图中记载，霍山是司命真君（大茅君）府，我们既在茅山建馆修行，就是与真君有缘，我欲南下朝山。"陆逸冲道："前年出行，本拟先往建晋，因闻有海盗作乱才未成行。经历连年饥馑，如今只怕盗寇更多。"先生云："当年没有即往建晋，只因三永山间因缘未了，司命府之会时尚未至，如今三永事毕，当赴约霍山。"弟子心知师尊自有用意，便收拾行装，租船上路。船出海口，水天一色，波涛浩淼，极目远眺，唯见扶桑东悬，先生感慨道："昔贤孟子曾说：对于看过大海的人，其他的水体就不算什么了，对于曾就学于圣人之门的人，其他的言论也就算不得什么了。我一生无所不学，巧技奇艺，世间浮名，在这天海之间，真如一微尘也！"来到霍山脚下，只见山势连绵至六七百里，其形如天上云阵，险峻挺拔，与别处大为不同。隐居足蹑真境，心注玄关，每至岩深林密处，便屏退弟子，独处终日，其间多有灵应感对，不宣之秘。至此先生似乎早将炼丹之事忘怀，而陆、潘二徒则随时留意何处可建丹房。畅游霍山全境之后，两位弟子禀报道："此间山势虽好，但附近少稻田，无处收购奢糠。"隐居对此全不意外，道："既如此，就坐船回永嘉吧。"船至永嘉以东海面，前方出现一片陆地，舟人介绍说："这是本县最大的一个海岛，叫作木溜屿，又叫玉环岛，从前天下太平时，岛上多有村庄，如今皆

都荒废了。"潘渊文闻言忙问："岛上有稻田否？"舟子答道："现成的稻田极多，只是无人耕作而已。"渊文大喜，向师尊说："我们可去此岛建屋居住，购买稻种，雇人耕田，这样不但可以自给自足，又不愁谷糠来源，而且身居孤岛，绝无凡俗干扰丹事，师傅意下如何？"隐居拈须微哂曰："上岛修整也好。"师徒一行弃舟登陆，择地建起茅庐，陆、潘二徒坐船往来于海岛和大陆之间，预备购种、雇农等事，忙得个不亦乐乎，留周子良在岛上照料师父起居。谁知方过两月，便见官船一艘前来，却是京城的特使司徒惠明。司徒大人一见隐居，高呼道："可找到先生了，这一路寻得我好苦！"原来两年前陛下就差人寻访先生下落，司徒大人四处探听，好不容易在永宁县得到消息，匆忙赶去，却扑了个空。这几日听得有两位道人在永嘉县雇人到木溜岛种稻，猜到是先生师徒，故而前来迎请。司徒大人说："陛下有旨，炼丹之事可徐徐图之，不必急在一时，希望先生还是回茅山道馆，以便皇上随时垂询。"虽然陆、潘二弟子极力陈说此岛极宜修合神丹，乞求留住，但司徒大人以君命难违，坚请隐居回馆。师徒四人只得抛弃了刚刚建成的屋舍，以及修治好的稻田，启程返山。

途经鄞县，一行人投宿驿馆，中夜时分，忽闻乐声大作，香气扑鼻，众人起床寻视，细细辨别，发现乐声围绕着陶隐居所卧房屋响起，先生却自顾酣眠不醒。此时，陆逸冲、潘渊文两位清修之士眼见无数乾闼婆旋绕于先生居室上空，演奏神乐，又有众多迦陵频伽飞舞而出妙音，天女散华供养，近旁凡俗之人则唯闻乐嗅香，却不见形象。陆、潘二徒见此奇景，目驻神驰，又彼此议论，不知这些天神所唱赞的文辞是什么意思。周子良道："二位师兄请细听，天仙所唱的是：'南无胜力菩萨摩诃萨。'"二徒运气凝神，侧耳详听，果然闻得"南无胜力菩萨摩诃萨"一句，字字分明。此前两位大弟子只晓得这位小师弟聪慧恭谨，现在方知他并不简单，当初师傅由陆大人引至天师治堂，实是先天有约，事非偶然。次日平明，上使的随从们聚在一处议论纷纷，对昨夜之事啧啧称奇，见隐居出房，便都噤声不语。早餐时，司徒大人和三位弟子虽然不便发问，但心中都盼着先生能为之释疑。先生了知彼等心意，说道："昨夜我做了一个奇梦，梦见身在灵山会上，得蒙释迦牟尼佛授菩提记，号胜力菩萨。"众人闻听，又惊又疑。先生的回答，解释了为什么天竺经典中所记载的天神前来颂赞梵呗，可为什么一位上清派的宗师会被授记为菩萨呢？先生又道："素闻本县境内有阿育王塔一座，中藏佛陀真身舍利，我当往拜。"司徒大人奉旨迎请，本不得另往他处，但前夜亲闻神乐，知事非常，也就随之谒塔。来在塔院门前，只见僧众搭衣持具，列队焚香出迎。众人心想，临时起意至此，又未差人前行知会，这些僧人怎么已经大启山门，又这样隆重迎接？塔院住持法师上前闻讯，说："昨夜本院护法尊神降梦，说今日有七地菩萨前来拜佛舍利，故我等在此迎候。"一行人入得塔院，拈香瞻礼既毕，正欲退下，却见隐居先生偏袒右肩，单跪合掌，朗声自誓，受持五戒。受戒已，从地而起，右旋绕塔赞佛，唱言："唵，牟尼牟尼，摩诃牟尼耶，萨婆诃。"绕行百匝，颂赞千声，住持法师及先生三徒见塔门自开，其内化作无量宫，世尊现报身相坐于中央，亿万眷属拥护。隐居以天衣璎珞为庄严，顶礼佛足。从佛亲受菩萨戒，释迦如来为得戒和尚、妙音菩萨文殊师利为羯磨阿阇梨、慈氏菩萨胜者弥勒为教授阿阇梨、十方诸佛为尊证、海会菩萨为同戒。受此三聚净戒讫，又于佛前重申誓愿，亲蒙授记。余人虽不睹佛菩萨真身，却见酥酪妙味从地涌出，珠玉珍宝自天降落，皆为叹服，谓未曾有。

虽辞塔院，众人仍然如在梦中，沉醉于方才所见所闻，过了良久，司徒特使问："卑职记得，从前沈休文大人（沈约，文学家，官至尚书令）曾作《均圣论》主张佛儒一致，而先生您则作《难镇军均圣论》加以驳斥。当时京城人都认为先生您所尊的是儒道二教，不崇尚佛教，可如今看来，您分明三教并尊，又躬行菩萨道，难道是您在出游期间，改变了初衷吗？"隐居拈须微笑道："当年对沈大人的回复，是深思熟虑之作，在下并未改变初衷。须知世间讲三教合一，可分两种。一种是将三教混合，熔于一炉，最终做成儒不儒、释不释、道不道的杂和之物，这种主张我向来不敢苟同。另一种则是说明三教的道理有不相违处，可以并行于世，各度其本教化机所当之人，这则是我所赞成的。沈大人之论，以为华夏先圣先王的道理，都是为着佛教东来做预备，这样一来，就等于说儒家没有本身的立足处，

不过是佛教的先驱，白马既至，儒教就无用了。此种论点不是三教并行，而是以佛灭儒，所以我著文反对。"司徒大人闻言若有所悟，又问："可是，三教也能并行于一身吗？比如先生您，既是道士，如今又发菩提愿，行菩萨道，这难道是可能的事吗？"先生反问："圣人讲五伦，难道君、父、兄、夫、子、友的身份不能集于一人之身吗？""当然可以啊！""那么一个人同时具备这些身份，该怎么做呢？""以国君的身份做事，就行君道；以父亲的身份做事，就行父道；其他都依次类推。""正是如此，只要不混淆，不杂乱，三教怎不能并行于一身呢？"

在海岛找到隐居先生后，特使就差人快马进京禀告圣上。拜塔见佛这样的异事，当然也已派人禀报。因非军机要事，难免口风不严，不数日，京中众人都已知道隐居先生将上洛面圣，又就途中发生的奇事议论纷纷，引为奇谈。皇帝也数次下诏，请先生速速进京。行至晋陵，先生突然现出病容，面目肿胀，气息微弱，似乎将有不测。司徒特使大惊，只得将先生留在当地养病，自己先回建康复命。梁武帝闻报，叹息说："他是生死自在之人，哪里能有什么病。无非既出火宅，不肯复入而已。"遂下诏免令先生入京，许其回茅山静养。诏书一到，先生病态尽去，精神焕发，立刻启程回山。回到华阳道馆，见地方官员早已在此恭候。寒暄之后，本县县令说："先生还在路上时，陛下已经购下前朝晋许长史（许谧真人，上清第三代宗师）和宋长沙王在茅山的旧宅基址，要为您营建新道馆，并且已经赐名为'朱阳馆'，正等您决定式样呢。"隐居似乎早有成竹在胸，从行囊中取出图纸一束，交付潘渊文，命他带领工匠建筑新馆。因为有现成的图纸，又有皇帝御赐的建材和工人，朱阳馆很快完工。新馆分成东西两个建筑群，西院的以供奉佛陀的素塔为中心，东院则以醮事仙真的青坛为中心。西堂设有佛像，由僧众供养，东堂无像，由道众护持。隐居先生为二院题词："万物森罗，不离两仪所育；百法纷凑，无越三教之境。"

佛道并存却又互不掺杂的朱阳馆建成后，慕陶隐居之名而来的参学者更多了，先生仍然隐居在华阳馆的松风阁上，对于前来的学人随缘接引，至于山中事务，都交付几位大弟子操持。转眼到了天监十五年七月的某日，一位道童急匆匆地奔到松风阁门外，大声说："周师兄仙去了！"话音未落，陶隐居已然来到楼下，叹息道："哦，我们一起去看看吧。"小道童口中的"周师兄"，就是隐居在三永之地收的徒弟周子良。天监十一年随同师父回茅山后，隐居又次第向他传授了《五岳图》《三皇内文》等法。第二年，子良的姨母（也是从小抚育他的养母）、生母都来到茅山，得到师尊同意后，子良搬出道馆，另建小屋居住，以方便侍奉亲人。如今子良不过是二十岁的青年，素来又没有什么疾病，突然间就离开了人世，难免众人惊怪。来到子良的静室，发现屋内收拾得整整齐齐，子良自己事先已沐浴更衣，穿戴齐整，安详地躺卧在床榻之上，面容与生人无异。室内的药锅里还剩有一些温热的酒，但却没有任何服用毒药的迹象。究竟发生了什么事？子良是怎么去世的？众人心头都存有这样的疑问。

确实，一年来，有一些征兆性的事件发生。比如从天监十四年夏开始，周子良就进入闭关隐居的状态，平时基本一人独处，并且不许他人进入他的静室，饮食也非常注意，只吃蜜饯等精洁的食物。一年中，子良的静室周围出现了甘露降于大树、灵笋生于廊下、白龟现于户外等祥瑞。对于这一切，众人虽然也感到不同寻常，却没有料到，子良会如此突然地离世。安葬了子良后不久，隐居嘱咐潘渊文准备铁钩绳索，同往燕口山洞。既至洞口，先生指示说："你看洞下是否有一大函？"渊文定睛观瞧，果然如此。修道之人向山洞内投书，以期上达仙真，是很寻常的做法，山洞中有函并不奇怪。隐居却命弟子用铁钩绳索，大费周章地取出这个大函。又焚香再拜，洗净双手，恭恭敬敬地接过书函，带回了道馆。此后数十日，先生闭门不出。等到隐居再次唤潘渊文上楼入见时，静室的书案上分左右放着两摞文稿，左边的稿纸大小颜色杂乱不一，右边则是誊清后的定稿。先生道："这就是此前洞中大函里的文字，是子良弃世前一年所写，共记录了他与仙真感遇的一百三十个梦。而子良的无疾而终，也是因为上界授予了官职的缘故。我已经将这些文字整理出来，编辑为四卷，题名《周氏冥通记》。这和我此前所整理的《真诰》《登真隐诀》一样，都是来自上界高真的启示，是我上清道派的秘籍内典，不可等闲视之。当年永宁县访得此徒，即是为

此一段因缘。如今时机已到，你速进京，将这冥通记上呈给陛下。"至此，潘渊文才知道这位年纪轻轻的小师弟，其实大有来历，而且如今已经位列仙府，品级在自己之上了。梁武帝收到隐居献书大为喜悦，将渊文召入大内，亲自询问周子良师从陶隐居，以及得到梦降，仙解而去的前后详情。闻听之后赞叹不已，亲下敕命加以褒奖。又令工匠在朱阳馆东西院之间营造高广大堂，以备皇帝亲临求教。茅山周围的居民称之为"山中宰相堂"。

一日，两位穿着讲究的客人来到茅山，求见隐居。弟子中有善相者从旁观察，见其中一个中年人隐隐有仙气，神似陶隐居，另一个十五六岁的少年则有尊贵之貌。这中年人就是隐居的侄儿，昔年送伯父入山的陶翊，如今在朝为官。而那少年，则是当今的东宫太子萧统，也即后世所称的昭明太子。客人入得静室，行礼罢，陶翊正欲述说来意，隐居笑道："可是陛下挂心于此前我所说东宫与我有缘之语，故而差太子来此学习？当年我不过一句戏言，陛下竟如此看重，真是叫人惶恐。太子既然已经来了，虽然老朽不堪为师，但小住数日，看看这福地洞天的山水，也算不虚一行。"太子道："先生过谦了，能从先生而学，是小子的荣幸。"太子住山期间，不但对于五经儒学的疑问都得到一一解答，先生又教以上清道法精要，佛教内典密旨；乃至于天文、星象、历算、医药、农事、兵法、水利、地理等诸种世间学问也都倾囊而授。先生将自己在三教和科学方面的全部著作一套赠予太子。又交付亲自打造的金银铜铁锡五色合铸神剑十三口，请太子转呈陛下，以为镇国之器。在建康朝廷中，太子从未见过这样博学多才，无所不知之人，故而流连忘返，不思回宫。隐居道："太子是国家的根本，不宜久留山野。人间欢聚，终须一别，望太子勿忘此缘，将来重聚于不死之乡。"言罢又说："山人还有一物相赠，请随我登楼。"来到松风阁顶楼的静室中，先生打开一个竹笥，取出一方包裹严密的帛书。焚香盥手之后，缓缓展开。太子定睛看时，只见绢帛顶端大书："真灵位业之图"。其下分七列，密密麻麻地写着许多神仙名号，每列下又有相关文字说明。第一列的主尊是玉清元始天尊，第二列是上清玉晨玄皇大道君，第三列是太极金阙帝君，第四列是太清太上老君，第五列是九宫尚书张奉，第六列是右禁郎定录真君茅固，第七列是酆都北阴大帝。而每列主尊左右各有部属，全图近七百神灵，按等次官阶排列有序。太子不解道："不知这是何物？"先生答道："仙界人界，都是大道一气所化。既然化生万类，古代圣王就依神道设教以化愚顽。秦汉以来，世人都知道有神仙，可是究竟仙界品级如何，却无人详细讲说。民间愚夫愚妇只晓得烧香敬神，不论所奉神明品级高低，都称为'大王''大将'，就好像一个村民乍入都城，看见凡是穿官服的都叫王爷；又如一个高丽人来到中原，看见凡是穿军装的都喊将军。这样就失去了先王神道设教的本意，虽然有心敬神，反成了亵渎之举。所以我参考前代高真高道著作，作成此图，使天下奉道法者能对神灵谱系阶次有所了解。"太子心有灵犀，当下领悟，说："就如我自幼学习儒经，为的是通达君臣、父子、兄弟、夫妇、朋友之义，以辨定名分，在人间建立正确的伦常秩序。人间若有序就是治世，无序则成乱世，天人本是一理，修道也是如此，若没有秩序，就成为盲修痴炼，不但不能近道，反而自乱心性。先生作此图的深意，就在于为学道者辩正名位吧？"隐居微笑领首，送太子启程回京。太子下山路上，心中想着这些天在茅山所学，感慨万千，一路上见到甘露霈于草木，灵芝出于奇石，塘中毛龟戏水，道旁白鼠送客，种种瑞兆祥征，不可胜举。

  太子回宫，向梁武帝详细报告了山中所见，欢喜赞叹之余，皇帝也不免升起一个疑问：当年炼丹，既然有仙真梦示，为何至今不成？身在华阳福地的陶隐居自然也没有忘记这个尚未完成的任务。经过数日预备，隐居带领潘渊文、许灵真、杨超远再次离开道馆，进入深山营建丹房。不过这次，他们不再用岭东旧址，而是来到郁岗峰下。先生用手杖在荒草中拨弄着，寻找着什么，俄而高呼说："就是这里了！"三位弟子闻听，以为师傅找到了安鼎筑炉的吉壤，上前看时，却是一口掩没在草丛深处的古井。三人面面相觑，未明所以。先生道："这是秦朝李玄洲真人挖掘的炼丹井，而李真人是茅山炼成仙丹的第一人。我们既然有志炉鼎，就该步先人芳踪，才能成功啊。"言罢又命弟子在附近细细勘察，果然又找到李真人丹房旧址，挖出炼丹所用器皿一套。师徒四人在真人遗址上新建丹室，又用真人遗留的器具起火修炼。天监十八年开炉验视，果然仙丹颜色光彩都符合丹经的标

准。但这是否就是真正的仙丹呢？要想试验，有两种办法，一是服用，若是真丹，就能白日飞升；二是点化，大丹既成，有化物成金之效。陶隐居未敢仓促行事，而是虔诚祝祷，希望神明降示当用何法检验。这天晚上，正当先生祷告之时，五色烟云充满了丹房。其中有声音说："不必试了，无须怀疑，这次炼成的就是仙丹。但是如今的人贪欲炽盛，若听说可以点化金玉，立刻就会生出邪念，干犯天禁。今人的根器与古人不可同日而语，已经不可能有白日飞升之人了。所以大药虽成，只能证明道门传承之法真实不诬，却并不能在如今的世界产生效用。"隐居叹息说："我听说，成仙的障碍有九种，而名声就是其中之一。我在三朝颇得虚名，恐怕就是受此拖累，乃至不能飞升吧。不过想我上清道法的前代祖师魏夫人、许真人等也都是化解成仙，并非亭午升举，我末学后辈，又怎能妄图非分，超越前贤呢？"祥云之中答道："正是如此。如今之世，不可妄求躐等，你渐修渐悟，将来自见分晓。"言罢烟云向东方飘升而去。梁武帝听闻此事的报告之后，亦是叹息不已，继而说："修丹就是修道，这些年来悉心营合，就是去除身心杂染，回归大道的过程啊！"既然悟到此理，也就当下释然，又下旨道："白日飞升既不可求，还请先生修合延生保命之丹。"隐居领旨起炉，这次因为目标浅近，很快就在普通六年炼成了名为"飞丹"的丹药。上呈之后，皇帝见此丹色如霜雪，气息清冽，服用之后身轻体健，神思敏捷。自此皇帝愈加敬重先生。

炼丹这一任务，在经历二十年的坎坷之后，终于成功完成，而陶先生也垂垂老矣。然而其神色风采，则越老越健。晚年的陶隐居如至圣孔子所言，从心所欲而不逾矩。或游历名山大川，或演教士庶之间，或与僧人谈佛法，或与道众言玄旨。虽然年过古稀，望之如壮年，两眸化为方形，更添其神仙异相；仙真时降静室，虽弟子难窥奥妙。大同二年三月十二，八十一岁的陶隐居召集了所有弟子，当着他们的面吟诗一首：

性灵昔既肇，
缘业久相因。
即化非冥灭，

在理淡悲欣。
冠剑空衣影，
镳辔乃仙身。
去此昭轩侣，
结彼瀛台宾。
傥能踵留辙，
为子道玄津。

众人心知这是先生预言自己将要升遐，弟子中证悟尚浅的不免哀恸号泣，难以自持，而已经修道有成者则肃然起敬，悲喜交集。由于王法明、潘渊文等上首大弟子都已先隐居而离世，隐居将上清宗师之位传于晚年所收弟子王远知。又吩咐说："我去后，遗蜕不必沐浴，依我所着之服入殓，百日之内，灯烛香火勿断，僧徒道士并入门中各以本教仪轨修诵，僧人在左，道士居右。"宗门事务嘱咐既毕，将早就奉召等候在外的两位侄子陶翊和陶松乔唤入，道："翊儿与我情分深厚，但你是我兄弟的长子，不能过继给他人。我一生未娶，如今立松乔为我嗣子，我虽出家，儒门礼法不可废，等我殁后，松乔为我守丧三年如制，此后奉我之祀，祭我于华阳馆正寝。松乔尚且年轻，翊儿你却已是做祖父的人了，以后请多多扶助你的这位族弟。"两人执手哭泣，顿首领命。陶翊忽然想到一件大事，此时不问，恐怕不再有机会，说："昔年伯父您拥戴今上，可见天命归于大梁，可至今胡虏割据，不知何时天下得以统一？"先生笑道："你毕竟是儒生，不忘天下，是你本分，很好！此后尚有一姓偏安江东，随后天下统一，但不长久，最终混一天下，开启盛世的，是玄洲真人的同姓。"陶翊听得一头雾水，先生说："天机不可泄露，如今只能说这些了。"又取出一纸诗稿，上写：

夷甫任散诞，
平叔坐论空。
岂悟昭阳殿，

遂作单于宫。

陶翊知道这是谶诗，内中机密，只可慢慢体悟。（太清二年侯景篡乱，梁武帝困死台城。后简文帝遇害，正在昭阳殿。先生预言，皆得应验。）世事既了，先生吩咐侍者铺设两重席，自己在常服外加穿法服，左肘佩箓铃、右肘佩药铃，左腋下结符，又钗一符于发髻。穿戴整齐，以大袈裟一领通覆全身，遂自在躺卧，恬然而去。三日之间，容颜不改，肢体柔软，奇香充盈山谷，神乐缭绕堂室。等到小敛之日，众人揭去覆体袈裟，发现只留下空衣而已。乃取冠服佩剑入棺，葬于雷平山。梁武帝赐谥"贞白先生"。

葬礼以后，上清嗣教宗师王远知、为先生作传者陶翊、奉先生之祀者陶乔松三人坐于郁岗斋室，怀念陶隐居，正当他们谈到隐居如今居何品位，在何方世界时，听闻上空仙音朗朗："论其本然，是斗中真人，青华小童君应化；论其品秩，是蓬莱都水监；论其誓愿，则是七地胜力菩萨。"言毕唱道："至道无心，救拔有情，种种方便，借假修真。宏誓大愿，度众具缘，化身万亿，莫有常名。"天神之音渐渐远去，留下郁岗峰下三人，寂然对坐，参悟那亘古之道。

大唐高隐：李含光

王潘司马　宗师衍教

　　陶先生羽化后，郁岗峰下，松风阁中，依然是道气不断。他的衣钵传人王远知将上清经法发扬光大。而与茅山上清宗的兴旺相反，梁朝的国运正如贞白先生所预言的，经过侯景之乱便一蹶不振，最终梁敬帝将大位禅让给了平叛功臣陈兴国（讳霸先），是为陈武帝。陈朝偏安江南三十余年，又为北方新兴的隋朝所灭。陈武帝和后来成为隋炀帝的晋王杨广都曾仰慕王宗师的仙名，以礼召请，求问道法。虽然陈武帝、隋炀帝一个是英主，一个是暴君，但王先生暗记陶真人的预言，心知两人都非可以长享国祚的天命真主。对陈武帝，王宗师传授了一些简要的道法，即请求回山静修。而对隋炀帝，在尽力劝谏其不要穷兵黩武、劳民伤财无效之后，王先生运用神通，于数个时辰内令自己须发皆白，皮肤皱缩，显出衰老垂死之相。炀帝见而大惊，不敢再强留先生。望着昏君下扬州的浩荡队列，王先生长叹一声，飘然北上，向太原留守李叔德（讳渊）秘献符命，告知天命已降于李氏。果然，数年后隋炀帝因失德而为部下所弑，李渊扫平天下，建立了大唐，因念王先生献符劝进之功，授其朝散大夫，赐金缕冠、紫丝霞帔。

　　唐武德年间，秦王李世民和大将房玄龄微服私访王宗师。一见二人，先生即行礼说："你们中必有一人是未来的圣主。"秦王闻言大惊，表明了自己的身份。先生道："神器虽已归唐，但天下尚未完全宁靖，而您是可以做太平天子，让苍生获得幸福的人，望您好自为之！"秦王叹服于先生的远见，恭执弟子礼，先生也以三洞大法授之。经玄武门之变，秦王登基称帝，是为唐太宗，改元贞观，天下大治。太宗即位后，不忘受法之恩，诏赠高位重赏，先生婉言拒绝，坚决要求返回茅山。皇帝无奈，下诏准备资财和船只，并由皇上特赐法服，又诏令于茅山造太平观一所，供宗师居住。王宗师的入室弟子有潘师正、徐道邈，他二人同得秘诀。潘师正是宗师，蒙隋炀帝召见之后，在东都洛阳大内玉清玄坛收为弟子的。王宗师将陶真人所授上清妙法尽传潘师正，又命他回洛阳居嵩山传道，大兴茅山宗于北方。经历了梁、陈、隋、唐四朝风云之后，王宗师预知时至，沐浴更衣，焚香

静坐于茅山隐庐，召见众弟子说："因为我幼时误伤一个小童的嘴唇，在不害众生的道行上有所缺憾，故而不能白日飞升，但这也是命数定然，因为弟子不能逾越师尊的遗范。如今我尘缘已尽，上界征我为少室山伯，这就要出发了。"言罢无疾而终，世寿一百二十六岁。朝廷赐谥"升玄先生"。

潘宗师嗣位之后，隐居于嵩山逍遥谷，数十年间卧绳床，食松针，饮泉水，清心潜修，无染俗尘。唐高宗诏令于逍遥谷建崇唐观，岭上筑精思院，以供先生及其弟子修功办道。虽然得蒙皇家崇信，名满京师，但潘先生常忠告弟子说："我不过是无用之人，为虚名所累，不得不与帝王贵人交接，只恐惊扰山岳神灵，不但无功，反倒有罪。你们学道，应该喜好深山幽谷，远离市井喧嚣，这样就可以不受牵累。"潘宗师于永淳元年解化，享年九十八岁。朝廷赠太中大夫，赐谥"体玄先生"。潘先生弟子众多，而司马承祯尽得传承，继上清宗师之位。

司马宗师得到真传之后，遍游天下名山，传授茅山道法，后隐居在天台山玉霄峰，自号"天台白云子"。与陈子昂、卢藏用、宋之问、王适、毕构、李白、孟浩然、王维、贺知章为"仙宗十友"。女主武则天、唐睿宗都曾召见问道。等到唐玄宗登基之后，于开元九年，派遣使者迎先生入宫，亲受法箓。开元十五年，又召入宫，请他在王屋山自选佳地，建造阳台观以供居住。两年后，一名来自扬州的道士李含光为了求得上清经法来到王屋山，拜在了司马国师门下。司马国师十分器重这位弟子，将所学全部传授，并指点他去嵩山隐居修习。开元二十三年，司马宗师仙去，得年八十九，玄宗为之亲制碑

◎ 唐玄宗

文，赠银青光禄大夫，谥"贞一先生"。

玄宗召请　含光进京

司马宗师羽化这年，玄宗完成了对老子五千文的御注，且将此御注道德经颁行天下，并将经书注本连同大内监造的老君像等一起赐给入贡各国，明皇好道之心由此可见一斑。可司马国师的仙逝，让皇帝心中总觉得空落落的。一日，明皇在内宫静室中所设师堂的司马真人影容前焚起一炉降真香，遥想当年受箓之后师真的谆谆教导，叹息不已，自语道："如今天下再没有这样的仙师了吧！"一旁侍立的高力士答说："今有嵩山隐士李先生尽得司马国师真传，陛下何不召请他出山一见？"玄宗闻言忙问："我也曾听说，司马真人将上清宗师之位传与一位李姓道士，不知是何许人也？"高力士奏答："这位李宗师，本来姓氏犯着孝敬皇帝圣讳（即'弘'字），遂改名含光。原籍江都（扬州），少时举家南渡，迁居晋陵（常州），近于茅山福地。其家世代业儒，他父名孝感，除读儒经之外，兼又博学好古，留心于彭祖、老君之道，虽未出家，却有神仙风骨，乡里都呼其为'贞隐先生'。其母出身琅琊王氏，亦是世代奉道的望族。当司马真人在天台山修道之时，贞隐先生与之结为方外至交。此时李含光年纪尚小，司马真人已知他与自己日后有缘，嘱咐贞隐先生好生教养。此子自幼喜读书，好静默，坟典异经，无所不通，又工于书法，尤善篆、隶。某日偶然听外人议论说：'含光书法已在其父之上。'他秉性纯孝，竟因此终身不书。"

唐明皇也是一位出名的孝子，当初平定韦后之乱，曾置性命于度外，坚持不肯连累自己的父王。登基后又亲注孝经，倡导以孝治国。听到李宗师如此的孝行，明皇心有所感，微微颔首。高力士接着说："李含光十八岁时随本乡道士李先生学法，因其修行严谨，清名远播，在神龙初年被度为龙兴观道士，精研周易、道德、南华诸经。陛下为司马真人在王屋山建阳台观之后，李含光就闻名来学，司马国师一见其面，即说：'真玉清之客

也！'又说：'当年天台授记，今日赴约王屋，先天定然，并非偶遇。'于是将上清大法尽相传授。当年司马真人是在嵩山由潘真人处得受大法，传法给李含光后，嘱咐其前往太师父昔年隐居之所静修参悟，从此便结庐嵩阳，至今已二十年了。"听罢高力士一番话，玄宗皇帝不禁心驰神往，希望即刻见到这位国师的高足，上清道法十三代大宗师。然而，高真不可轻至，要如何邀请，才不会被这位嵩山深处的隐士拒绝呢？高力士似乎看出君王的心事，奏道："这位李先生秉性纯孝，最尊师长，当年奉命去嵩山，就是为了维护师祖潘真人的道场。如今司马国师既已羽化，王屋山阳台观没有高道主持，未免教法衰败，以此因缘请李宗师回自己师父的故居重振道风，想必他不会拒绝。等到宗师主持阳台观之后，就有望说服他进京。"果然，李宗师应诏回到阳台观，开始修葺和重振司马真人的道场，而此期间，朝廷恩赏不断，皇帝也表示出希望宗师进京，以便就近请教的意向。

　　天宝四年，朝廷的使臣捧着印玺和诏书，来到王屋山，殷重地祈请李先生进京，诏书中言道："尊师道德之重，仙真所钦，足以修斋，必有精感。"见到因缘已经成熟，先生也不再推辞，在这年的年底来到了繁华的长安城。才进都城，先生就被请进大内面圣。对于这种许多人求之不得的殊荣，先生却淡然处之，问说："不知此次面圣，陛下可是要问道法？""那是当然。"高力士答。"若如此，今日不可面圣。"众人听到这话，吓了一跳，心想：皇帝要接见，难道还要由臣下挑日子？这道人也太狂了吧？"只因大道不可轻，若要传道，师徒二人都必须别室而住，斋戒沐浴。"宫中众人惯见的是诌上媚主的僧道末流，这种坚持原则，抗颜直言的宗师对他们来说，真是不可思议的存在。而老成干练的高力士，则从李宗师的身上，看见了昔日司马国师的影子，故而不以为忤，如实禀报。玄宗皇帝也依教奉行。三日斋沐之后，明皇终于见到了这位仰慕已久的嵩山隐者，一番交谈之后，皇帝惊喜地发现，这位李先生在学识和修行上可谓与司马宗师并无二致。随着对话的深入，身为万乘之尊最为关心的两个问题浮上了玄宗的心头："如何才能将天下治理好呢？""善哉此问！"宗师点头赞许说，"道德是一切君王的导师，昔日汉文帝能尊道重德，天下皆享仁寿。如今虽是繁华的盛世，然而满则溢，盈则亏，福祸相倚，是自然的法则。要想长保太平，就该推重清静无为之道，避免穷奢极欲的享受，减轻民众的负担。""道长说得甚好，朕还有一事请教，不知上古仙真所传的金鼎轻举之事，是否真有效用？"宗师笑道："既是仙真所传，那还有什么可怀疑的呢？""那如今的人也有望飞升了？"皇帝兴奋了起来。面对跃跃欲试的天子，宗师正色道："道德，是天下之至公，炼丹飞升，是公中之私。圣人立教，是叫人时时省察私欲，去伪存真。若怀着放纵私欲的心思追求长生不老，那无异于追风击影，立意已是虚妄，岂能获得正果？"听了这一番话，玄宗凛然一震，想起当年睿宗皇帝向司马国师求教术数时国师的回答："术数不过小道而已，治国当用无为。"对于李宗师精深的道法、高洁的行持，明皇赞叹敬佩不已，遂留宗师居于禁中，以便随时请教。两年间，虽然李先生一直坚持"传道讲经之前，必须先行斋戒"的原则，但天子未尝因此倦于求教，反而弥加钦重，并求为弟子，受三洞经法。然而，宗师并未即刻答应传授经法的要求，推辞说："时机未到，虽对面而坐亦不能得；时机一到，虽千里山水亦不能隔。"

重修祖庭　再振宗风

　　两年后，宗师奏请前往江南，重修茅山上清祖庭。师尊出京，天子心中尚不情愿，更何况是去远离中原的江南。故对此请求，皇帝迟迟不做回答。数日后，宫中建醮，却不见宗师前来，忙差人探问，却见先生双足麻痹，瘫痪在床。皇帝闻奏大惊，让最好的御医善加诊视，却无人能治。此时玄宗想起昔年王真人在隋炀帝面前显示须发一夜变白的旧事，叹息说："师尊难道竟将我看作炀帝一般的暴君吗？"心知真人的心意不可回转，于是厚加赏赐，亲撰《命李含光建茅山坛宇敕》一道，称：

　　"炼师李含光，道高紫府，学总黄庭，贲然来思，式敷至妙。既而属念茅岭，言访真经，近出咸秦，远游方外。朕载怀仙境，延伫勤修，将使九有之人，同归玄教，三清之众，俯鉴遵行。岂徒梦寐华胥，驰诚碧落而已。"

皇帝对李宗师极备褒扬，又下令将上清祖师杨、许二真人（杨羲、许谧）在茅山的旧宅赏赐给宗师，起建紫阳观。既得朝廷之力，紫阳观很快建成，李宗师和大弟子韦景昭率领一众弟子重振茅山上清宗风于祖庭福地。

天宝七年春三月，宗师斋戒沐浴，闭户长静，似乎是为重要的法事做准备。十八日清晨，先生命徒高设法座于大殿，自己穿上全套法衣，面向长安而坐，闭目存神，深入寂定，数时辰后从座而起。弟子们不解其意，也不敢多问。不久后，京城使者到来，奉上御赐法衣一袭，说："这是陛下谢师的礼物。"原来，三月十八日，玄宗皇帝在大同殿受三洞经箓，于殿上设一空座，向茅山遥礼李先生为度师，行礼之际，皇帝亲见先生居座授法，乃知弟子精诚，确获感应，虽隔山限水，却能交会于瞬息之间。礼成之后，皇帝赐李宗师以"玄静先生"之号，派使臣送来法衣，并命地方官在华阳洞刻石纪念，又免除茅山四百户人家的税赋，以资助祖庭香火，并请宗师率众道士建斋设醮，为国祈福。

一个月后，李宗师和弟子韦景昭来到郁岗峰下，瞻仰当年陶真人炼丹的郁岗斋室遗迹。忽见林中紫气氤氲，近前察看，却是一丛灵芝，细细一数，共有八十一株。宗师将此祥瑞上奏天子，并和韦景昭移居到了这里，在郁岗斋室的旧址上建立心诚斋院，潜心修行。某日，韦景昭问师父说："此前灵芝的祥瑞，不知应在何事？"宗师答曰："应在两事，其一是今上的寿算，其二是我上清道法的经典。今上之寿的定数是八十一载，但如今朝廷中小人得位，君子遭贬，皇上信用李、安、杨三贼，以此缘故，恐怕将折去三岁阳寿，不得尽其天年。而八十一又是老子五千文的章数，乃成全之象。我上清经法，经华阳隐居陶贞白先生整理而达致大成。隋唐鼎革之际，经典又因战乱而散失不少。如今八十一株灵芝出现于陶隐居的旧宅，是经法失而复得，阙而复全的预兆。"两位郁岗隐士在松间月下清净自在的同时，长安宫中的学者们则为了一批古书头痛不已。原来玄宗皇帝诏令天下收集前代高真高道的逸书佚简，集中送往京城。所谓重赏之下必有勇夫，不久之后，早在战乱中散失的杨、许二真人和陶隐居的手迹真本就被呈到天子的御案之上。经过学者的仔细校勘，发现这些上清经典中缺失了十三纸文字。众文士都说，若是字迹脱漏模糊，尚可设法甄别，但对这阙失整整十三页的内容，任何考据专家也是无能为力的。失望之余，皇帝想起了李宗师："上清大法从陶真人到李宗师，五代口耳相传，经典阙十三页，而李先生又是上清第十三代宗师，这岂非冥冥之中的定数，该当由他来完成这补救的工作？"怀着这样的冀望，皇帝将珍贵的三位真人手迹送回茅山。真迹到达紫阳观之日，宗师早已斋沐更衣，出山门跪迎。将真人手书奉至大殿，宗师命徒铺纸备笔砚，存神内运，笔走如飞，一气呵成地将十三页经文默写出来，与上下文字符合若节，无少差池。众人这才明白，文字之外，确有心心相印的传承存在。

此后宗师又作《太上慈悲道场消灾九幽忏》，命茅山徒众勤行此法，护国济民。开元天宝年间，正是大唐极盛之时，一般世俗中人哪里能体会到宗师的苦心所在。奸相李林甫重用胡人，引狼入室，而继他之后的另一大奸臣杨国忠则与胡将安禄山交恶，使后者提前造反，引发了安史之乱这一场大劫难。当车驾西行，万姓不安之时，上清宗师李玄静和高徒韦景昭在江南一隅的郁岗峰下至诚祝祷，为皇帝、国家、民众忏罪祈福，终于在八年之后，迎来了久违的和平。

肃宗即位之后，和他的父皇一样，多次褒奖李宗师。称他"深通道妙，久著名闻""久契真要，深通玄微，游逍遥之境，得朝彻之道"。并谓"加意坛场，洁清香火，广上皇之福寿，俾六合之康宁，静正道门，当在师也"。到代宗皇帝大历四年，李玄静先生将上清宗师法位传于弟子韦景昭。身披法服，手执朝简，坐化而去，得年八十七岁。朝廷赠国师、正议大夫。宗师生前好友，太子太师颜真卿大人亲撰碑文，称其"能于阴阳术数之道，而不以艺业为能；极于转炼服食之事，而不以寿养为极。但冥怀素朴，妙味玄津。非夫博大之至人，孰能尽于此？"可谓对此大唐上清派一代宗师极为公允的评价。这也正如郁岗峰下的青松翠竹，虽少人知，而气韵无穷。

帝师名隐：朱自英

吹笛招鹤　受道仙人

赵宋之世，太祖赵匡胤以一根蟠龙棍打下四百座军州。武力赫赫的开端，却发展出温文尔雅的文化盛世。契丹、西夏、女真，乃至日后席卷欧亚大陆的蒙古人，无不把饮马中原视为夙愿，从而引发了宋元四百年刀兵相见、群雄纷争的活剧。大宋虽武力不盛，但文风却造极于千秋。自太祖太宗起，无不尊崇文翰之学，也对传统的道教礼敬有加。以陈抟老祖为核心的华山道教学术圈，就是在这样的氛围中逐渐为人所知。而地处仙境的郁岗峰下，也将迎来新的仙隐，甚至新的荣耀。

宋朝第三位皇帝真宗赵恒，登基后还没有自己的太子，于是便遣使臣赴茅山求高道祈嗣。上清派第二十三代宗师，观妙先生朱自英接到旨意，便在郁岗峰下建九重坛为之行法上章。据说，真宗的宫人梦见穿着羽衣的仙人数十，跟随仙官下降，并告诉她说"此宋第四帝"，她很快便有了身孕。第二年，宋朝的第四位皇帝仁宗赵祯便降生了。这对于朱自英宗师来说，本是显扬成名的大好机会，但谁会明白，显扬于世恰恰是他最不想做的事。

朱自英是句曲朱阳里人，算得上是土生土长的茅山人，父母务农为生。说起来，朱自英的童年并没什么不同于其他乡野儿童的地方，也是每天清晨牵着牛出门去田边山里吃吃草，空闲的时候骑在牛背上看看风景，吹吹竹笛。但是朱自英却知道，自己有一个不同于常人的地方：每当无人横吹笛子时，便能唤来天上的仙鹤。

有一年，朱自英正好七岁，在郭干村和其他家的孩子结伴放牛。别家的孩子随手摘了片路边的叶子，抿在嘴唇间就吹出了流行的小调，一会儿又抽打耕牛，牛在山间奔跑。"来追我啊，来追我啊！"别家的牧童在远处挥着手臂招呼朱自英。"唉，这我可不会。""哈哈哈哈！骑着牛这样跑多简单啊，你连这都不会！"小伙伴牵着牛犄角把牛引到朱自英身边。"你们不过会骑牛，怎么比得上我？"朱自英边笑边卖着关子说。"那你会啥？""天上的仙鹤我都会骑。"朱自英说着，从袖管里抽出竹笛，随着音孔闭合，天籁般的笛声随风传到远方。不一会儿，就看见天际山头，有几个黑点出现，随着时间推移，黑点逐渐靠近，清晰了起来：一队仙鹤！仙鹤在朱自英和同伴上空盘旋了一阵，一只仙鹤缓缓降到朱自英的面前。朱自英上前一步，坐上鹤身，手挽鹤颈，仙鹤舒展翅膀飞了起来，但马上因为重量掉了下来。"哎呀！"身边的牧童看到这一幕，不禁失声叫道。

从这以后，朱自英放牧的时候，常常吹笛招鹤。乡里有人看见他有这样的本事，议论纷纷，说仙鹤毕竟不同于家里的猫狗，笛子一吹就能招来，多半不是什么好事。朱自英的父母听说了自己家的孩子竟然有这样的"绝活"，也吓得不轻，于是把朱自英送到了村边茅山上的玉晨观出家。

朱自英来到玉晨观，拜观里的朱文吉道长做了师父，每天在师父的教导下做事修道。朱师父教授经文，朱自英翻开经书上下浏览了一遍，随手合上书对师父说"经文已经理解了"。朱师父在观里修道这么多年，参阅了这么多经典，尚且不能如此，于是对这位新收的徒弟另眼相看。

经过几年的学习修炼，待到十一岁的时候，朱自英被度为道士。尽管出生乡野农家，修道只有几年，年龄也还只有十来岁，但是朱自英举手投足洒脱飘逸，仙标玉骨，只看外表也已经和平常人有所不同。原来他出生乡野，从小随着家里务农、放牛，也没上过什么学，读过什么书。自打在玉晨观做了道士，朱自英每天焚香诵读仙家经典，又广猎百家文章，不曾间断。有外地的读书人听说了这些，特地到观里来希望见朱自英一面。朱自英坐在书房里，闭着眼睛背诵刚刚读的文章。教书先生在房间外头听着，竟然没有一个字出错。就这样每天读经看书，又过了几年，朱自英提笔写文章，也不需要参考书籍，写出的文章浑然天成，遣词造句极为风雅，字里行间又充满了仙逸之气，犹如空洞之音。

金陵牧马公听说了朱自英的事，派了一个小吏拿着自己写的书信来给朱自英。没想到朱自英拿到书信，连信封都没打开，就把信放在一边不去理会。朱师父看到朱自英这样怠慢金陵王公，担心会招来麻烦，告诫朱自英："金陵牧马公特地派人送来的书信，你就这样放着不看，别人一片心意，你这样对待或许不大好吧。"朱自英却说："师父，我并不是要故意怠慢这位大人，只是我如果打开了信封，阅读了书信，知道了事由，反而会让我劳心。"

天资聪慧，又勤奋好学，小小年纪的朱自英，俨然已经是玉晨观里的"明星道长"，就连金陵的人也听说了他的与众不同。众望所归，要是待在玉晨观，必定会让自己的名声大噪，宫观香火不断。然而朱自英却宁愿归隐山林，也不愿意像折断翅膀的仙鹤一样，为了名利而停留在众人的视线内。于是朱自英和一同修道的张绍英，带着生活必需品就上了小茅峰边的积金峰。两个人在积金峰顶，布置法坛神龛，修炼辟谷。然而时间一长，乡民听说了峰顶"两位小神仙"可以不吃不喝，纷纷上到峰顶一探究竟。朱自英出门，看到外面的地上布满了上山观望之人留下的脚印，对张绍英说："怎么会这样，明明是想避开人，才特地和你来山顶修炼，没想到却招来了更多的人。"张绍英回答说："你要是不出名，别人哪里会特地来看你跟随你；要是你扬名天下，那肯定是各地仰慕你的人都会赶来。"朱自英叹道："虽说一起住着一起修行，但两个人也毕竟有自己的想法，不必迁就。"于是他一早便收拾了行囊，傍晚来到了长江边，打算逆流而上，到巴蜀的青城山去学习道法。

朱自英一路向西，过了剑门关到了剑门城。正在城里行走，有一个老者坐在路边，他看见朱自英朝自己方向走来，就问："小道长你从哪儿来？"朱自英循着声音一看，这位老人家满头的银发，修长的手臂，方正的眼睛，又黑又大的瞳孔显得深邃无比，一看就不是普通人。朱自英回答说："后学从华阳洞天来。"老者又问："你去哪儿？"朱自英回答说："去四川。""去四川做什么？""求大药！"朱自英回答说。老者一听，哈哈大笑起来："小道长没有听说过你们茅山的陶隐居这个人吗？陶先生五次炼丹，五次不成。于是感叹三朝尽是虚名。最后没有修成白日飞升，只是从狗窦一过。陶先生尚且如此，何况你小小年纪，修道也只有小成就。你若不韬光养晦，定会给自己招来不小的灾祸，这样的话就太可惜了。"

老者闭目掐指，喃喃地说："陶隐居曾经告诉我，七百年后当会有位童子从茅山来，你今天来到这里，大概就是应验了陶先生的这句话吧。"说完，老者起身，对朱自英说："你抓着我的衣裳，闭上眼睛。"朱自英也没有问什么，只是照着做了，只觉得好像是树梢碰到鞋底，再睁开眼一看，竟然已经从剑门来到了青城山下！朱自英连忙拜老者为师，于是老神仙把金鼎九转之法、飞精剑法之功传授给了他。朱自英对老者说："后生肉眼凡胎，竟然没有认出老神仙。"老者说："陈铁脚，就是我。早年间先帝命我去海上仙山求取仙丹灵药，那时候遇到了偓佺和安期生，他们把我留了下来，经过几年的修炼，我也达到了长生。"说完，老者不见了踪影。明明拥有大道秘法，却特意收敛锋芒，陈铁脚七百年，只为等朱自英。出得茅山，四处云游，朱自英为的是能学到真传，显扬大道。但教授他大道的仙人，却教诲他要低调行事，越是闻名于世，越给自己招灾惹祸。

朱自英得到了陈铁脚真传，听从陈铁脚的教诲，打算出了剑门关往东回到茅山，但又想到早年在玉晨观翻阅经卷，茅山的道藏多有残缺和错误，于是从四川到了黄河边的鹿邑，在那里校集太清古本道书。

有一个姓武的乞丐，提着破篮子到斋堂，把剩菜剩饭倒进篮子打算带走，斋堂里的道士们见了大声呵斥"快走快走！"可他就是不离开。等到朱自英过堂完毕，洗净餐具，听到了斋堂里的吵闹声，就走过来问乞丐缘由。这个邋里邋遢的老头子竟然说："朱茅山在这里怎么能求到仙道！"说完径自离开，约朱自英清晨在旗亭酒家谈心。朱自英来到酒家赴约。武乞丐对朱自英说："你先天真是修道的好材料，只是旧习性没有除去。倘若是修仙道之前不把这些该去除的东西去干净，将来终会在修仙路上被它们所拖累。你愿意听从我的告诫吗？"朱自英忙恭敬地说："怎么敢不听从老先生的忠告。"武先生让朱自英闭上眼睛。朱自英闭上了眼睛，稍稍过了一会儿，他只觉得耳边轰轰作响。武先生对朱自英说："到河中府了。"朱自英在河床上行走自若，如履平地。武先生看了之后十分高兴，对朱自英说："好好好！你这个小道士还真是修道的好苗子，可以提点提点，那我也就不再隐瞒了，我其实是水星童子。你这一趟来河中府，已经抵了度形太阴，但是还需要幽居隐藏，不要向外人展示自己的能力。不然，会出现什么后果，我也不好说。"朱自英回到岸上，不禁万分感慨，于是回到了最初修道的地方茅山，刿心刳智，谨遵道经师三宝的教诲，存三守一，追随先贤杨、许之遗风。

应召赴京　坚辞归乡

自打从鹿邑太清宫修道，遇到仙人水星童子武抱一，接受仙人教诲之后，朱自英回到茅山玉晨观，安居静室。本可以长久在洞天福地静心修炼，早得大道，然而在茅山的那次为皇帝祈嗣，让皇帝宋真宗和宠妃对这位道法高深而又不张扬的法师印象深刻。

不久后，京城里的赵宋皇家御用宫观——玉清昭应宫建成，宋真宗在全国招募高道驻观。工部侍郎薛公映向皇帝推荐了朱自英，于是宋真宗派遣特使到茅山邀请朱自英。朱自英推辞不去。在这之后不久，宋真宗去世，年幼的宋仁宗——当年真宗派遣使者到茅山，请朱自英祈求上天之后降生的婴孩——登基九五之位。他的母亲刘皇后，即如今的皇太后，虽不是仁宗亲生之母，但依然垂帘掌政。祈嗣之功，加之道行不断增长，使得朱自英再一次被推荐到了帝王面前。朝廷公卿丁谓和王钦若，三次上书推荐朱自英主持昭应宫，太后派这两位王公到茅山去请朱自英赴京。朱自英见到两位使者，听说了皇帝的期盼，又一次婉拒了帝王的邀请。朱自英上给皇帝的表章，用词温文尔雅，字里行间透露出一股高世之风，明肃太后看罢上表，也不怪罪朱自英，还因为他的表章嘉奖了他。丁谓作诗"大隐何妨混朝市，三天澄净谒元君"，王钦若作诗"何事故人违旧约，负琴携鹤待相随"。朱自英对两位做了回答，用词极为清虚玄妙，两位丞相把这些事上书皇太后。刘

◎ 宋真宗

太后追忆怀念华阳洞天茅山，是先帝真宗祈求上天祈得仁宗的宝地，因此特别要求两位朝廷重臣强行请朱自英来到京城。茅山官吏被朝廷再三敦促，只能一次次诚恳请朱自英赴京。朱自英不得已，也只能接受了皇帝的任命，去京城的玉清昭应宫主持斋醮事宜。

朱自英到了京城，还没有拜见帝王之前，满朝文武百官被禁止前去和朱自英打招呼行见面礼，即使是像梁器、陶景、唐礼、吴筠这类大臣也没有机会见到朱自英。明肃太后下诏请朱自英留住玉清昭应宫，不久之后又命令朱自英登宝符阁观察天上日月星宿的运行情况。朱自英一次又一次地上表给皇帝，希望可以允许他辞去昭应宫住持的工作，但是当时仁宗和太后对朱自英的关注程度十分之高，希望朱自英能继续留在帝王身边，为皇室服务。"若不韬光养晦，定会给自己招来不小的灾祸，这样的话就太可惜了。"恩师的话语犹在耳边，朱自英回山潜隐的心愿越发的强烈。朱自英向仁宗和太后请求东归故乡，他对回到茅山的信念是这样的坚定，每天心里所想的，也不再是面前的观察天象，他的心早就已经上升到无挂无碍的层次。皇帝和太后最终还是同意了朱自英返回茅山的请求。离别那天，来送行的官员排满了长街两边，他们坐的车一眼望不到尽头。中贵人上前来对朱自英施了一礼，说："先生这一离开，皇上和太后都十分的牵挂。先生您在京城住了这么久，回到山里去，山里毕竟不比京城，或这或那总是会有东西需要添置更新。皇上特地恩许了在茅山新建一座宫观，让您能住得踏实些。"朱自英回答说："多谢皇上的厚爱。我出生茅山，去巴蜀求道之前，在人迹罕至的积金峰上，辟五谷，修上清妙法。现在我回去山里，应该遵从大茅君司命的苦行，这样才可以报得了皇上太后对我的垂爱之情。建造高台楼阁，宏大庄严的宫殿，那是西方传来的佛门的规矩。老君教导说'吾有三宝：一曰慈，二曰俭，三曰不敢为天下先'，我奉行大道，应该效法先师，而不用为了撑门面劳民伤财修建新建筑。当今皇上和太后对我的关怀，我感到十分的惶恐，感激不尽，只有一件事祈求：请在茅山山麓的常宁镇，为来往的游客商贾建造一个休息歇脚的场所。"中贵人送罢朱自英，回到朝廷，向皇上和太后说明了情况，转达了朱自英的请求，仁宗和刘太后不由得对朱自英表示了赞许，批准了朱自英的请求。

敕建乾元　炼丹飞升

《道藏》里的三洞四阶灵文宝笈，都是秘不外传的修炼大法，自从魏华存魏元君授命修炼上清大法，传到朱自英这里，已经历了二十三代。明肃太后一直以来崇信道教，她希望能效法紫虚元君魏华存，请受上清法箓。于是，太后在京城的玉清昭应宫起醮开坛，接受上清大法。当时朱自英已经回到了茅山，太后特地遥尊朱自英为"临坛度师上清大洞宗师"，尊朱自英的同门，同样身居茅山的张绍英大师为"临坛保举上清大洞法师"；赐号朱自英为"观妙先生"，张绍英为"明真先生"，以示尊敬。同时，太后下令，在茅山建造乾元观、天圣观这两座宫观分别赐给两位先生。今日，乾元观山门牌匾上的"敕建"，就来自这段往事。昔日的山麓小庵，终于修葺成巍巍宫观，乾元观的名称也就从宋代一直延续至今。

朱自英宗师回到茅山后，精于外丹修炼。明肃太后遥尊先生为师，赐乾元观后不久，朱自英的九转仙丹，修到了第四转。有一天，江宁府送

◎ 敕赐乾元观（宋代）

来一封信，说是蜀州太守萧贯所转一位叫武抱一的道士写给朱自英的信："……我当年特地嘱咐你，今后要谨遵道法，隐居大道。但是现在你却去了京城，做了宋朝皇家宫观的住持，在朝廷里行走。……你这样的四处显扬自己的能力，恐怕那些天机秘法也被泄露了出去。……现在你应该避开俗世，收藏身心，这样做，可能还有回旋的余地……"朱自英看着恩师水星童子武抱一寄来的信，不禁眼泪横流。

天圣七年，朱自英五十三岁。十一月的一天，关闭乾元观山门之后，朱自英十分异常地命令所有弟子到他的房间去。到了那天半夜，弟子们围聚在炼丹炉边，烛光昏暗，炉火荧荧。忽然，就看见庭院里有特别明亮的亮光发出，透过窗纸照进房里。侍奉的童子忙打开门观察，看到庭院里站立了一位身穿红色袍服的人，手执书册，仪态威严，光辉照人。童子请问称呼，那人徐徐地说道："真官卢文秀，上帝派遣我来迎请朱先生。"房间里的弟子听了这样的话，紧张得不敢出门。不一会儿，先生问："现在已经什么时候了？"一旁侍奉的弟子说："看星象应该已经过了三通鼓。"又过了一会儿，先生问：

"玉晨观的钟声响了吗？"

"师父，还没有。"

"玉晨观的钟声响了吗？"

"师父，还没有。"

"玉晨观的钟声响了吗？"

"师父，还没有。"

"玉晨观的钟声响了吗？"

"师父，还没有。"

正当朱自英第四遍问过了弟子时，玉晨观的钟声，响了。

朱自英对身边侍奉的弟子说："我走了！"弟子们听到师父这么一说，赶忙进屋来看，只看见朱自英正襟危坐，手拿着大中祥符年间先帝真宗赐给他的玉如意，神态肃然。这一次，竹笛没有吹响，仙鹤却飞来，在乾元观上空，盘旋了三天……一代名隐，洒然归去。世俗之名望，对于他来说，也终如朽烂之衣服，一朝蜕去，而得大逍遥！

全真隐仙：闫希言

见证雷接　遇乾而止

　　道门之人，心在仙界，身仍在红尘。作为道教"第八洞天，第一福地"的茅山仙境，也毕竟不是真正的云外清都。宋元时期中原动荡之际，曾经秉承着御命敕封，深受皇室恩宠的乾元观，也在经历着兴盛与衰落、福缘与劫难的历史轮回。宋徽宗崇道过甚而致佞道误国的教训，使偏安的南宋王朝始终对道教保持着一层戒备性的隔膜。北方女真人和蒙古人的铁蹄刀马，也使紧依长江的茅山道观常常处于战火的威胁中。到了元朝统一的时候，乾元观虽尚有殿堂、房屋八百余间，但一经元末明初战祸，就所剩无几了。道众们也星流云散，各避刀兵。昔日坛场兴盛，高道云集，香霭玉炉起祥烟的郁岗峰下，一片门庭冷落之象。直至明太祖朱元璋起自微寒，以"驱逐胡虏"自命，南北转战十余载，终于成就了光复汉家衣冠，建立大明王朝的鸿业，天下这才又归于太平，玄门羽士也方有休整之机。

　　当然，道教历史的风云变幻，并非仅止于庙宇的兴废荣衰。自北宋以来，内丹修炼从理论到实践都有了长足的发展，并且日益与传统道教的符箓道法结合起来。尤其是，"靖康之变"后遗留在北方的中原汉人，"遗民泪尽胡尘里，南望王师又一年"，他们对异族统治的屈辱，对乱世无常的慨叹，终于在道教信仰中寻找到了突破口，并借着道门修炼由外丹向内丹的深刻转化，最终形成了一个蓬勃兴起的新教派——全真道。

　　一位名叫王喆的落拓奇人，抛弃了世俗的荣华与梦幻，在金大定元年（1161）走进了终南山下一个叫"活死人墓"的洞穴。当数年后他破关而出，东赴齐鲁大地的时候，已成为道号"重阳子"的仙真祖师。一晃数载，王重阳真人种出了七朵金莲：马钰、丘处机、刘处玄、谭处端、王处一、郝大通、孙不二……这"全真七子"苦参性命双修之旨，觉悟生命超越之道，从而将法脉传于四海。尤其长春真人丘处机远赴雪山论道，折服一代天骄成吉思汗，解救生灵涂炭之苦，使全真龙门派声望大增。作为一个以汉族遗民为主体的道教组织，全真道奇迹般地获得了金、元两朝异族统治者的青睐和宠幸，教化遍于北中国，蔚然而为大宗。自此，内修丹道"真功"、外积济世"真行"的全真家风,不胫而行于天下,直至江南锦绣之地。

傍晚,茅山峦峰中狂风大作,乌云飞渡。这是明神宗万历十四年(1586)六月初夏。倏尔电光闪过,雷鸣之声轰动于三茅峰谷之间,天河之水伴随着漆黑的夜幕倾泻而下。狂风暴雨笼盖无垠,崎岖的道路上,由远而近,踱起了沉稳而坚定的步伐。泥泞滂沱之中,一位身材魁伟庞大,衣着粗布道衫,赤脚草履的道人洒然而行。他面颊如满月,下颌重叠,肌肉结实,浑身隐然泛着紫色的光晕。头上不戴道巾,甚至不加梳理,乱蓬蓬的头发任凭其栉风沐雨。蓬头之下,疏眉顾盼中,是一双神采飞扬的朗目,偶尔神光电射而出,耀如明灯。无尽的雨幕,已将天地间连成了一片,如混沌未辟的世界。漆黑的山路似无处可行,这魁伟道人却闲庭信步般穿梭而下,好像与雨点的节律合为一体。

终于行至山脚下,隐约可见前方小村庄的点点灯火,雷雨却不曾减歇。几个闪身之间,蓬头道人已经踱步来至村口。正前方招幡飘扬,茅屋三舍,已然是酒肆在望了。再一个闪身,魁伟身躯已在酒肆门口。刚要迈步进入,道人忽然心念一动,一种来自于冥冥之中的感觉倏然升起。似乎是被牵引着,道人的朗目射向门旁低矮的茅草屋。那是一个久已被废弃的马厩,里面杂草横生,脏乱不堪。然而,三段残破的碑石却似有生命般赫然躺在地上,像是在等待着什么。道人的眼神一落于碑身之上,立时怔住,似乎有一股奇妙的力量令他无法移动身躯,而不管外面的风吹雨打。

酒肆中客皆被蓬头道人的不凡气度所吸引,也有人试探着问:"师父为何瞅着这几块断碑?莫非您以前见过这碑吗?"蓬头道人默然片晌,慢慢转过身来,目光中泛起了几分柔和,施礼问道:"各位父老,贫道云游至此三茅福地,见这块碑虽残破倾倒,却器质不凡,纹路奇特,刻字隐隐有紫气萦绕。料定此碑必定是我道门之物。只是不知,它原本来自何方?还望父老有知情者,能相告贫道。"言罢,又是深深一礼。

众人见那道人气度超俗又言辞谦和,忙各自还礼。一位白发苍苍的乡老越众而出,说道:"师父啊,此碑确实来历不凡。它原是三茅峰对面,青龙山郁岗峰下乾元观内的物事。听故老相传,这碑原是宋朝道君皇帝徽宗之时，茅山上清宗师所立。至于碑文记载何人何事，我等却是不知。只是三年前，我村里百姓忽然在村边荆棘丛中发现此物，于是搬来此处。左右也是无用，就有窑场的工役将其砸为三段，准备去砌窑用呢……"

道人不语，转头再看向那断碑。凝神之下，碑文漫灭，却也依稀可见"朱""观妙先生""乾元观""祈嗣感应"等字样。沉吟之间，道人心中明照，乃知此碑必为记述茅山上清派第二十三代宗师朱自英之显扬碑。

昔北宋真宗之时，朱宗师设九重祭坛为皇帝斋醮祈祷，大行道法，有不可思议的灵验，于是被荣封为国师。朱宗师还修订上清道书，序《上清大洞真经》，堪称道门俊杰。后人为记载朱宗师的事迹，而立"显扬碑"一通，以体显茅山高道之事迹于后代。宋元之际，碑石尚矗立于乾元观中，后战火涂炭，宫观颓弃，此碑亦流离失所，今日竟遭逢裂身之厄运！

暴雨下得更大了，似乎为此碑的悲境而泣。然而，谁也没有注意到，此时苍穹之上，乌云翻滚聚合，如雷神战车，轰轰驶来，竟在这个小小村口的上空徘徊不去。惊雷闪电在云层中翻滚，如无数巨龙游动鏖战，时有火球闪耀。待到一众乡民察觉此景，无不抱头四下窜避。只有那道人须发戟立，而面色沉静，不为之动。昔日他在武当山云游修道，亦曾于雷雨之时在天柱峰山腰遥观金顶，见"雷火炼殿"之异象，与今夜相同。他心知，此刻必有天命大事发生，遂席地跏趺而坐，静观其变。

"乾元，乾元……"道人口中似乎在念诵着这两个字。

蓦地，三道惊雷自云层而下，成品字之形，直袭马厩。至断碑之处，忽合而为一，霹雳一声，紫光迸现！四下之乡民，发声大喊，惊栗不已，以为那蓬头道人必死无疑。谁知紫光散去之后，闻得一声清啸，但见蓬头道人衣发无损，傲然挺立于马厩之中。最为奇异的是，那三块断碑，此时竟然接合为一，矗然立于道人身边……

一个低沉浑厚的声音，仿佛从天际响起："贫道本姓闫，数十载来云游天下洞天福地，寻找道心栖止之所，阐扬我全真教风。今夜路过贵村，遭逢此石碑异象，实乃天机如此，道化如此。此碑，贫道今日且就带去，回归玄门。他日有缘，众位父老可于乾元胜地再谋面可也……"

乡民闻听此言，有热心者欲寻牛车，帮助闫道人载送石碑。哪料闫道人哈哈一笑，略加运气，身形一晃，那石碑竟已在其肩上稳稳搁住！众人咂舌不下之际，闫道人道声"再会"，身形再一晃，人已在十步之外，依旧洒然入山而去。

"神仙！神仙！"众乡民纷纷跪下叩拜。

远处，泥泞的山路，似乎并无足迹，又似乎在通向那风水灵秀的郁岗峰……

一个注定为茅山道教史所铭记的时刻即将到来。

身材魁伟的闫道人，名唤希言，正是日后创立全真龙门支派——"闫祖派"的一代道教宗师，也是乾元观中兴的真命祖师。如同以往栖修乾元观的仙真一样，他也是一位神龙难见首尾的隐仙人物。闫道人出生的年月，当世之时已是无人知晓。也许，连他自己也忘了。庄子在《南华经·大宗师》里言"鱼相忘乎江湖，人相忘乎道术"，又讲"堕肢体，黜聪明，离形去知，同于大通，此谓坐忘"，看来，忘记一些人生的经历，未尝不是入道之契机。

闫道人肩扛碑石，一路走来，心里默诵着《南华经》，希望自己能随时保持"坐忘"的心境。然而，他也知道，有

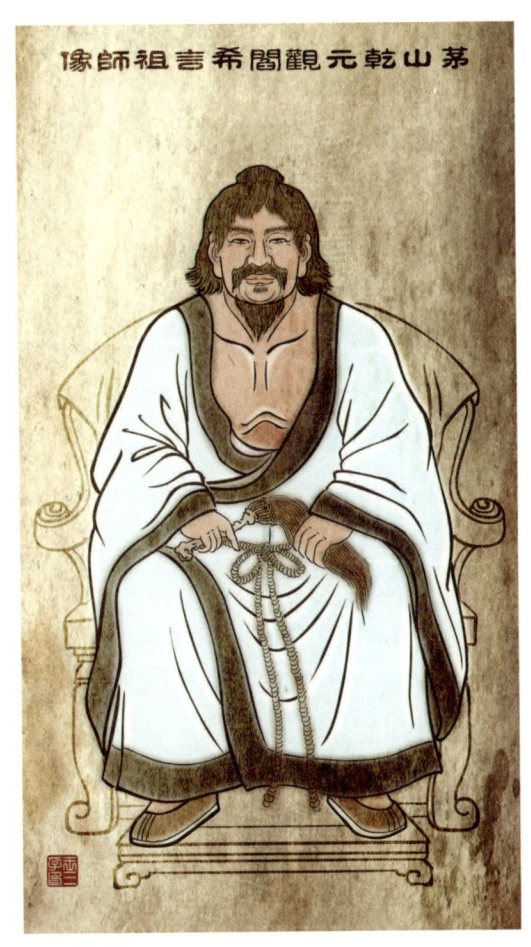

◎ 闫祖像

些事，尤其是弃俗入道的那段经历，也许是刻骨铭心，永志难忘的。

闫道人出生于三晋大地一个富裕殷实的行商家庭。有明一代，晋商迅速崛起，沟通南北边塞有无，一时震动全国。早年的闫希言，虽然也饱读儒家诗书，立志于功名仕途，但祖辈父辈的商业传统和人脉圈子，还是使他逐渐放下《四书》《五经》，在秦晋豫燕的辽阔地域为生意奔走往来，乃至天子脚下的皇城之所，也有他行商的身影。这样的努力，给他带来了丰厚的财富。如同他身边的很多朋友一样，闫希言早早娶了妻子，生了一个可爱的女儿，过上了衣食丰足的生活。

然而，觥筹交错、灯红酒绿中，这位姓闫的年轻商人总觉得束缚与苦闷。似乎他的人生不应如此。但该怎样，自己也说不清楚。渐渐地，他厌倦了商场上的迎来送往，虚情假意，于是把生意交给下面的伙计打理，自己则长时间待在家里，与妻子饮耍玩乐，借酒消愁。这样恣情纵欲的生活还没多久，他便患上了可怕的痨病，身体日日羸弱，药石百般无效，眼看即是鬼门大限。

这时，一位云水全真道人仿佛从天而降，出现在闫希言家门前。一番相识问讯后，全真道人直告：此等病痨，皆由心神不宁，恣欲不节所致，已非寻常针砭药石所能解救。唯有安然养神，修习全真丹法，或可有济拔生死之功。闫希言闻听，顿觉心下有悟，立即顶礼并安置全真道人于家中，并发愿与妻子分房而居，诚心修习坐功。一个月后，他的病情大有好转，但精神仍是委顿。于是，全真道人复召闫希言于面前，坦言其命理究竟，谓：欲得解死亡之厄，必须出家入道，归宗玄门。此时的闫希言，在调养病情的过程中，已明白了自己人生的真正归宿。于是，他慨然应允，散尽家财，安置好妻女。之后，在一个大雪纷飞的清晨，随全真道人飘然而去。

后来，闫希言方知晓，这全真道人乃是长春真人丘处机所传全真龙门派"来"字辈高道。他素来云游晋、陕、鄂诸省，寻访有道缘的传法弟子。那日在山西一见自己，虽病羸之中，亦知晓传法弟子就在眼前。于是教诲以丹道功法，悉心调教，引以入道。闫希言果然是宿世道根，得遇明师指引，便慨然出家。依龙门派的谱系："道德通玄静，真常守太清，一阳来复本，合教永圆明……"他接承了"来"字辈的法脉，自然是"复"字辈的法子，被师父训名为"复清"，并被授予度牒。于是，世间少一名利客，全真教下又添一人。一个新的灵性生命，开始一步步完成着他超越自我、度化众生的使命。

入道之后的闫道人，除了在教内用"复清"之名，在一般场合，还是爱用"希言"以名之。后世的人们很难知晓，这"希言"究竟是他俗家的本名，还是后来自己起的道号。不过，从太上老子《道德经》中"希言自然"一语，似乎可以体会到，那个姓闫的年轻商人是怎样从名利恣欲中解脱出来，按照道祖的心法，守默寡言，从而一步步走上道法自然之大路的。

闫道人的师父在传授内丹法要后，便径自去终南山隐居了。临行前，除了叮嘱他要秉持全真祖师苦己利人、功行双全之精神外，还留下"遇乾而止"的谶语，供他参究。送走师父后，闫道人百般思索，就是难以明晓这"乾"字到底有何所指？后来索性先放在一边，且云游访道去也。

一年后，闫道人来到名震宇内的道教仙山武当山。彼时的武当，经过唐宋以来历代道教祖师的辛苦经营，尤其是明初永乐皇帝的大规模兴建，已完全成为气势磅礴的皇家道场、修仙福地。所谓"五里一庵十里宫，丹墙翠瓦望玲珑"，端的是瑞气云集的仙山琼阁。闫道人入山修道，如鱼得水，不仅参访了不少学究天人的高道大德，而且借着那八百里武当的灵秀雄伟，终于摸到了内丹大道的玄窍之门，拾级而上，突破重关，丹功大成。更兼得武当山张三丰祖师传下的道家拳法之真髓，丹剑合一，武功非凡。于是，这位身材魁伟的龙门道士，渐渐在武当山一带有了不小的名气，不少道门信众皆来皈依为弟子。闫道人也不负众望，多方募捐，在武当山寻一风水绝佳的清静之处，建起了一座宏伟的真武宫，专门供奉武当山主神"北极玄天上帝"。一时香火缭绕，鹤音振响，龙门宗风大盛。

然而，闫道人的心中一直也有纠结，师父留给他的那个谶语还没解开。到武当这些年来，虽然内功外行都算是不辱祖师，但那个神秘的"乾"，始终还是未曾遇到。他曾揣度过无数次，"乾道""乾卦""天乾""乾龙""纯阳"……想了好多，其实也都没有感应。于是，笃信师命和天机的他，在万历元年（1573）初春，做出了一个重大的决定：离开武当，去寻觅宿命中需要依止的那个"乾"。于是，他将真武宫的一应事务交付给弟子，嘱其善为传道。之后，便布衣草履，沿汉水杳然东去。

一路上，凡是那洞天福地，神仙宅窟，闫道人都不免要去寻幽探奇，拜访高隐。这一来是为了在道法修为上博采众家，更上一层；二来也是为了那心中的夙愿。当然，践行重阳祖师之遗教，以真功扶危济世、广度群迷，为百姓下针施药，乃至行侠仗义之事，亦是随缘而为。如此行去，也游得不少名山道场，如龙虎山嗣汉天师府，武夷山冲佑观，乃至金陵朝天宫，姑苏玄妙观，结识了不少隐居高道，阅历大长。然而，闫道人心中那"遇乾而止"的疑惑并未解开。他也晓得，所览仙山洞府虽佳，却均非自己的久居之地。苍天之意，究竟如何呢？

江南姑苏，太仓，万历十二年（1584）的一个冬日。大雪纷飞，鹅毛席卷，给原本青山绿水的鱼米之乡裹上了几分北国的肃穆。城郊隆福寺，弇山园，一个精巧典雅的水乡园林，也是在明代乃至中国文学史上熠熠发光的园林。当时文坛上执牛耳的"后七子"领袖王世贞，就居住在这里。在他周围，团聚了一大批志同道合的文学俊彦与官场清流。作为一位才高八斗，清介嶙峋的文坛巨擘，王世贞虽身居部院大吏之高位，却从不与"曲学阿世"并存。过去几十年来，王世贞与他周围的士大夫集团，无论在朝在野，无不以道义相砥砺，先后开罪了权相严嵩，并难容于内阁首辅张居正。万历十年（1582），张居正去世，这才在官场的残酷倾轧中稍缓其身。

其实，爱慕仙道的王世贞早就看透了，也厌倦了尘俗之中纷纷攘攘的名利游戏。他像一只在鸡鸣鸭叫中傲然独处的仙鹤，偶尔一声长唳，也是为了寻求道友，神游太清。他甚至还拜师学道，修建恬澹观，过了几年真正的修道生活。周围的亲戚朋友，尤其是他身边的文友弟子，也多有受其影响而皈依仙道者。唯自古内炼一事，仅有信心是不够的，最重师传指授。尤其性命双修之金丹大道，非得明师之点拨而不能成道。皈依道宗的王世贞，也希望能有一位品学超拔的玄门羽士，来指点自己的修行。

今天，适逢瑞雪新落，天朗气清。王世贞遂邀请姑苏一带的文人挚友

来弇山园，把酒言欢，谈文论道。酒酣耳热间，一班文人雅兴大发，歌咏弹奏，赋诗行令。独有王世贞在满堂笑宴中，仍难以掩饰那萧索与寂寞的眼神……

忽然家丁来报，有一貌似乞丐的怪客在门口静坐，呼之不应，撼之不动。素来好事而喜异闻的众文人一听，争相出门观看。王世贞心中惊异，更有一丝"机缘已到"的奇特感受。待快步簇拥蹀出府门一看，素来博览多见的江南文士们无不咂舌。

◎ 王世贞

但见门前道路上，皑皑白雪之中，兀自端坐着一位魁伟的全真道人。乍一看，他蓬头垢面，衣着邋遢，不过是行乞流浪之辈。但仔细观来，道人腰腹十围，气势雄浑，山凝岳峙，双目顾盼生威，绝非俗流。更绝的是，道人端坐的方圆三尺之地，本来是白雪掩盖，现在竟然光秃秃一片，甚至还冒着丝丝的热气。而那热气，正是来自于道人身上！

王世贞和一众文人，皆非道教的门外汉，他们中甚至有人专门认真修炼过养生导引之术。识得货的都明白，若非道门内丹功夫到了采得先天大药，摸着玄关一窍的境地，岂可火里栽莲，雪中生热！

不待众人上前开口询问，那蓬头道人似是知晓一般，身形略一动，已在门前立住。王世贞越众而出，深躬一礼道："我等今日有幸，得睹师父神功。不敢请教仙乡何处，宝号上下？"道人呵呵一笑，只答"希言"。有人再问修何道法，道人还是答"希言"。再请书以墨迹，道人仍旧是在写"希言"。

王世贞明白，有道之士不会轻易在大庭广众之下明宣道妙，于是立即恭请道人入园，上席款待。那道人也不推辞，径直落座。席上诸人无不以酒相敬，道人却也不推辞，径自一饮而尽。如此觥筹交错，那道人竟已喝下三四升酒，众人无不惊呼"海量"，道人却犹自安闲，畅快自得。有人问他是否有百岁了，他笑答已有百岁；再问是否有二百岁了，他仍笑答有二百岁。更有人戏谑问，如此高寿，是否曾在元代朝廷任官？道人还是哈哈一笑，点头应诺。王世贞心知，这蓬头道人必为有道之士，方才不过游戏人间，漫应无常。于是在宴席结束后，安置道人于弇山园中，日夜请教道法妙旨。

原来，那道人正是游访江南的闫道人。他闻得太仓王世贞为当时文坛领袖，无论朝野上下，乡间民间，无不称其才华横溢，气概不凡。尤为难得的是，王世贞及其挚友王锡爵等人，均倾心仙道，志在超升，礼敬三清圣教。所谓百闻不如一见，闫道人遂决定赴太仓拜会王世贞。恰逢冬日大雪，才有了刚才眠冰卧雪的奇迹一幕。

数日来，闫道人在弇山园中随机施教，敷陈全真道门之妙理，金丹大道之微旨。王世贞及其诸友，也领略了当世高道的风采，敬佩不已。王世贞还援笔专书"野鹤孤云"四字，赠予闫道人，以示敬意。

交往之间，诸文士不免问起闫道人南来吴越之地的缘由，闫道人遂坦言相告，乃是为寻找夙具道缘的洞天福地。王世贞沉吟之间，劝他可赴句曲茅山圣地一游。此山秉承秦汉三茅真君之遗泽，晋唐上清高真之法脉，灵秀深邃，风水绝佳。或有宝地洞府，正是契应道人福缘的栖息仙隐之地。

闫道人闻听甚喜，便辞别了王世贞等人，自太仓折向西北，过太湖，奔向那金坛、句容之地而来。孰料中途偶遇两位昔日的武当道友，盘桓同住，时日颇久。待得一年多后的盛夏，方有缘踏上这"第一福地，第八洞天"的茅山胜境。

不知不觉间，闫道人已经来到了大青龙山郁岗峰之上。雷雨过后的晨曦，空气分外清新，一轮红日正喷薄而出。峰下隐然有道舍一二，仿佛沐浴着天地间最为圣洁的光辉。此时，此景，闫道人不禁仰天大笑。

原来，昨日雷雨之夜，神碑复合，他便知天机显现，当是陶弘景、朱自英等道门前辈在天有灵，许他驻锡这郁岗之麓，隐仙之境。闫道人早已

心中洞明：那茅山乾元观，必是他所当依止之福地。"遇乾而止"之"乾"，就是乾元观呵！造化，造化！

重兴乾元　光大全真

自此，闫道人便在乾元观住下，并默对三清道祖及历代茅山宗师、全真仙师们立下宏愿：重兴乾元，光大全真！《易》有云："大哉乾元，万物资始，乃统天。云行雨施，品物流形。大明始终，六位时成，时乘六龙以御天。乾道变化，各正性命……"

此时的乾元观，还未从元末战火涂炭的阴影中走出来。呈现在闫祖师面前的，几乎是一片废墟。仅有的山门和两间陋室，更添了几分寒酸与凄凉。道众早已流散，只有两个年老体弱的火工道人，曾在九霄万福宫服役，现借此陋室居住养老。百年古观，凋敝残破，已不具备道人隐居的基本条件。

目睹此况，闫祖师并不先急于修建庙宇，而是募工从句曲之地修建了驰道五十里，直抵乾元观，打通了修复工程的通道，将乾元观与外面的世界重新连接起来。然后，在通道左右皆种满了桃树杏树，这样春日一到，满眼锦绣，美不胜收。他还引山泉水灌溉农田，如此一年即可收获稻米三四十石。有了这些基础的生存供给之源，闫祖师即着手募捐修复乾元观了。

金陵，六朝古都，亦是明太祖洪武皇帝定鼎之所。此时虽已成为帝国的陪都，号应天府，但其六部、府、司、监等设置，全与北京皇都无二。更兼此地向来为江南文脉之渊薮，其历史底蕴之丰厚，古今罕见，遂使金陵古城聚集了一大批在文坛、官场皆有声望影响的士大夫。闫祖师深谙儒学礼制，知道欲使乾元观复兴光大，离不开江南文人士大夫的信奉与赞护。于是再出茅山，直下金陵，游访名臣儒士。

他没有忘记太仓弇园之会，也知晓王世贞是诚心向道之人，于是先去拜访时任南京兵部右侍郎的王世贞。王世贞一见闫祖师，大喜过望，遂设宴款待。席间，他知道祖师已驻身于茅山乾元观，并发大心愿重修宝观圣地，更是大加赞赏。王世贞表示，不仅自己要慷慨解囊助一臂之力，还要找机会介绍金陵城内的达官名士与阎真人相识，冀望护教信众越来越多。阎祖师深深谢过，相约三日后，秦淮河畔，与诸位名士相聚。

入夜，夫子庙旁，秦淮河上，桨声灯影。画舫之中，箫音琴韵，歌舞酬唱。一众高官士绅，摆酒与欢。这些人有：南京刑部右侍郎李江、南京兵部右侍郎王积、鸿胪寺卿王玉峰、都指挥使许时登、参军孙志山等，当然，还有酒宴的东席王世贞，无不是权倾一方的官吏大员。奇特的是，他们桌席的上首之位，竟然是一位紫面蓬头，貌似弥勒佛的雄伟道人——正是被称为"阎蓬头"的阎希言祖师。

觥筹交错间，众人见阎祖师酒量甚豪，便有人起身动问："阎师，道家全真皆好杜康杯中之物否？"阎祖师并未起身，但无倨傲之相。他面容平和，微笑答道："酒为全真仙家所戒。我所以畅饮，乃是为与诸公同乐，灌数斗洗肠的醴泉水啊。"又问："真师驾临，可否传授我等延年冲举之术？"阎祖师："但凭忠孝，即是仙家种子。诸位只要广行阴骘，乐善好施，切忌邪淫，勿嗜杀戮，心中无忧，惩忿制怒，如此心地常清常静，金丹大道就不远了。"又问："我等孔门弟子，也可以修习仙道吗？恐怕违背了圣人'不语怪力乱神'的教诲吧？"阎祖师："圣人此言，乃是规劝我等后学，要从自心来体悟天理良知，而鄙弃巫鬼招摇之流。君岂不闻《易》言'与天地合其德，与日月合其明，与四时合其序，与鬼神合其吉凶'之语，正是全真仙家金丹了手之事，这与圣人的教化是完全契合的。我重阳王祖师昔日曾言'儒门释户道相通，三教从来一祖风'，也正是讲的这个道理啊。"

席上诸名士虽身居高位，却皆非尸位素餐之官场俗流。他们多是腹中文章锦绣的"后七子"文学集团之士，素来与王世贞志趣相投，以文论道。今日一见阎希言祖师才学超拔，器宇不凡，句句契合性命大道，无不钦佩叹服，均生了接纳求教之心。阎祖师也借机以幽默风趣的语言，开阐修心养命之妙理，冀望播下几颗道门种子。

到了"击鼓传花"的游戏时，乐队的鼓不慎被敲坏了。阎祖师哈哈一笑，径自要过鼓槌，一下一下敲打在自己圆阔的肚皮上。孰料竟发出了铁鼓一般"嘭嘭嘭嘭"的声音。祖师大笑,就着敲击的节奏唱道情曲调,声音优美浑厚。众人无不惊奇异常,复哄然大乐,画舫之上,笑语盎然,直在秦淮河面荡漾开去。

此次秦淮一会后,"闫蓬头"的大名在金陵古城不胫而走。不少士绅达官,尤其是王世贞文学集团的文人雅士,纷纷拜访闫祖师。而闫祖师也效法当年的王重阳、丘处机祖师,处处以性命双修之道诲人,以奇迹异行感人。比如,他在盛夏天里,赤膊裸腹,于烈日之下暴晒。别人在厅堂内尚且汗出如浆,他却浑身不见一滴汗珠。隆冬时节,手莫能出,闫祖师却凿开湖面,钻到冰水中去洗澡,毫不畏寒,反而面色红润。更有意思的是,别人请他沐浴,他却开玩笑似的到一个大尿缸中去洗,完毕出来,身上非但没有丝毫骚臭的气味,反而散发出青莲的芳香!

凡此种种,使金陵士绅无不对闫祖师以"驻世神仙"目之,时常叩访,礼敬有加。兴建乾元观各殿、阁所需的资费,陆续都由这些士绅捐助凑成。原来乾元观在金坛、句容等地被地方土豪霸占的田产,也在这些士绅的干预下,如数归还给乾元观。甚至内廷中的一些太监,亦闻名而求结识闫祖,并慨然出资捐助,重兴乾元观。这也是天道气运使然。

很快地,在原先破败颓倾的乾元观旧址,一座座典雅精美的殿堂楼阁拔地而起。闫祖师首先建立了几个钵堂,如"妙元""若镜""若昧"等。这"钵堂"又称"圜室",是全真道士修习内丹功夫、坐圜修炼之场所,堪称一个道观的核心。钵堂起源甚早,据传汉代祖天师张道陵即坐圜而精思炼志;至全真道早期祖师,更是以坐圜为入道修真之根本。王重阳祖师的"活死人墓",即是一种别开生面的"圜室"。此后,全真道士在钵堂立志苦修,以求性命双全,便成为一种沿袭的教规。闫祖深得全真龙门修行真髓,知道无戒法规矩便难以成道,于是首建钵堂,以期入室弟子能够秉承历代祖师苦修遗志,真可谓用心良苦了。

闫祖师还修建了楼阁,专门供奉全真道的五祖(王玄甫、钟离权、吕洞宾、刘海蟾、王重阳)和七真(马钰、谭处端、刘处玄、丘处机、王处一、郝大通、孙不二)。另外,在奉道士绅的襄助下,又修建了"临溪道院"，并添增了铁钟、法鼓等器物。其他观堂殿宇，如"麟溪庵""一真庵""甘露庵"等，也陆续建成。"洗心池""古燕洞"和"八仙桥"等自然风景，更散布于郁岗峰下，真是人间仙隐绝佳之处。有了这些观堂的建设，闫祖也就安心在乾元观授徒传法，光大道业了。

在闫祖师来茅山之前，乾元观所传嗣的，是茅山宗的上清法脉。而茅山全真道的派裔，无疑是希言祖师首开于此。闫祖传承于全真龙门派"来"字辈高道，他自己名"复清"。因此，其所收的弟子，皆按"复""本""合""教""永"等字派传承下去。如闫祖师座下的主要弟子姜本实、舒本住，接下来第三代著名道人李合坤（李彻度）、王合心，以及第四代弟子李教顺，第五代弟子钱永城、王永虚等，都是沿用丘祖龙门派的谱系。

然而，在后世代代相传的过程中，闫祖师的法裔弟子们为尊崇他重兴乾元观的功绩，遂别立法派，称自闫祖所传有"复本合教永，圆明寄象先。修成龙绪业，历代嗣宗传"的字派，号为"闫祖派"。后来清嘉庆年间问世的《诸真宗派总簿》，即列有"闫祖派"，解释为"邱祖复字岔派分支，茅山乾元观"。实际上，主持茅山乾元观的全真道人也一直传承着此"闫祖派"字辈，直到1938年乾元观惨遭日寇之战火。有明一代，纵观大江南北，"闫祖派"是最早的全真龙门支派，从而在中国道教史上书写了浓重的一笔。

值得一提的是，中国四大古典小说名著之一的《西游记》，还跟乾元观的闫希言祖师及其弟子有着千丝万缕的关系。甚至有学者认为，闫祖师师徒即是今本《西游记》的最终定稿人。作为一部博大精深的神魔小说，《西游记》全书充满了全真道教内丹修炼的理法，明清学者多认为此书即是借西天取经故事来阐发"金丹大道"的道书。近代的某些学者，对道教学问并无了解，仅根据地方志的孤立记载，就武断地认为《西游记》的作者是吴承恩。实际上，从现存《西游记》最古版本（"金陵世德堂本"）所署"华阳洞天主人校"，书中"阎浮世界""五庄观""镇元大仙"等隐喻环节，以及"黄婆""元神""金公""木母""水火""姹女""婴儿"等大量内丹词汇中，细心的人都可以体会出，当年乾元观全真道人为弘道明法，借小说形式来阐述修行奥妙的良苦用心。

晚年的闫希言祖师，更加的神妙莫测，踪迹不定。他衣着无常，人们给他供养什么衣服，他就随身穿上。若是奉上金银财宝，他就放在袖中，转手又去送人。有时走在街上村头，他又像变魔术般随时拿出一堆堆的糖果给孩童们吃，所以屁股后面总是跟着一群小孩，简直成了一个"孩子王"。弟子们往往哭笑不得，却也知道师父这是游戏人间，如济颠活佛一般。所谓"大隐隐于市"，终难以俗世常理测度。

万历十六年（1588），闫祖师又一次来到南京。当他再与王世贞见面时，双方已是相识多年的道门师友了。这一次，从来不轻易发言，更不轻易求人的闫祖师，忽然恳请王世贞为他写传记，流传世间。王世贞心中奇怪，因他深知闫祖师并非贪求俗世名望的人，便试探着问，可否写乾元观而不写道人？谁知闫祖直言，怎可不写道人？他就是要借助王世贞的生花妙笔来写这篇传记。

王世贞心中纳闷，并未急于动笔。孰料闫祖师几日一来，来则必问传记写好了没有。有时竟一反常态，责骂王世贞不想给他树碑立传。再后来，竟然是隔几天就让门下道徒弟子来"催文债"，搞得王世贞窘迫不堪，但也心存疑虑：祖师何苦急着要立自己的传记呢？

深秋十月，二十三日，冷雨凄然。闫希言祖师洒然的步伐，更添了几分空寂。这天晚上，他来到南京城里旗手卫百户毛俊的家中，给南京的几位道徒讲道。晚饭吃完，闫祖对毛俊这位虔诚的弟子说道："我想香汤沐浴一下了。"

未曾多想，毛俊即盼咐家人香汤伺候师父。奇怪的是，向

◎ 闫祖传

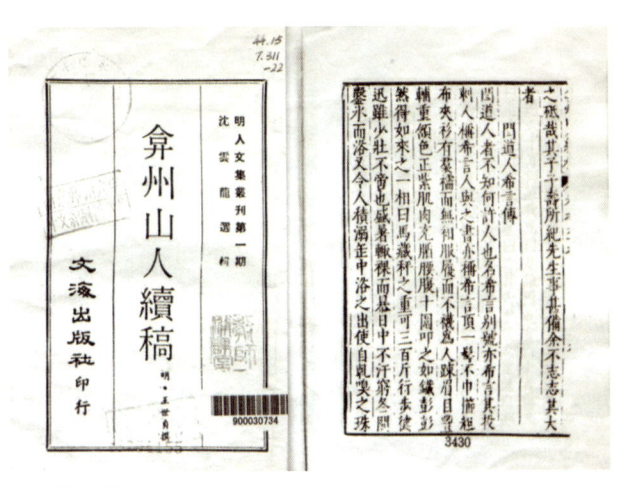

来不修边幅、蓬头垢面的祖师，这回竟然洗浴了三次，直到身上彻底清爽为止。然后，闫祖师命毛俊将枕席移走，静坐着说道："道人不当卧床休息。"渐渐地，他的气息微弱了，微弱了……

毛俊等人这才感觉不对头，大惊之下，忙问师父："您是要归去了吗？"闫祖师微微一笑："既然知晓，还问什么？""那师父将去乾元观吗？""太虚即是我家，何必要是乾元观？"至此，众弟子心中了然，师父是要与俗世长辞而去了！毛俊请师父留下辞世之颂，祖师略微摇头，道："我何言？穷理尽性以至于命，齐家治国平天下而已。"又说："惟精惟一，允执厥中。"于是瞑目不言，跏趺而坐，身体不僵。窗外，冷风逼人，而闫祖师的身体却暖和依旧，气色安闲，甚至有汗挂在胡须上，凝成了一颗一颗晶莹的珠子。一代全真宗师，倏然而逝，羽化登仙！

之后三日，入龛。七日，移龛至乾元观。百日后，启龛视之，闫祖师面色如生。祭奠的道徒、士绅们无不下跪叩拜。王世贞也在这众人之中。他终于明白了，祖师为什么屡屡催他完成传记：原来闫祖是深通《周易》理数的大智者，他早知大限已到，希望借自己这文坛领袖的手笔，为乾元观与全真道之仙迹铭书立传，永志不朽。不愧是由儒而道，由道而仙的隐士高人啊！

诸位玄嗣　兴复道业

闫祖师就这样去了，而乾元观全真道的事业，也一直薪火相传，发扬隆盛。所谓龙凤生奇兽，名师出高徒。闫希言祖师的徒子法孙，无不是道门俊彦、高真羽士。他们仙隐在郁岗峰下，继续着闫祖的道业。

姜本实，号文谷，苏州玉田人。乾元观第二代住持，也是有名的全真"活死人"。他早年即弃家访仙，后遇道学深湛的闫希言祖师来茅山传道，即与舒本住一起拜在闫祖师门下，昼夜用功修道。后来闫祖羽化之后，他即遵师嘱主持乾元观事务。他有很多门徒，仅焚修的住庙道士即不下数十人。如此声名渐隆，竟然传到当时明神宗之母慈圣皇太后的耳中，获得

了重视。于是，万历二十七年（1599），明神宗降旨，御赐乾元观《道藏》一部。到了十三年后的万历四十年（1612），明神宗又赐予乾元观御笔金书《玉皇经》等三部道经，以及斗姆铜像一尊、三清画像一幅、关圣帝君画像一幅。有了以上这些御赐之物，乾元观无疑已成为明王朝的皇家道观，在茅山诸道观中获得了相当的独立性。即使放眼全国的全真道宫观，这种规格也是较为罕见的。

◎ 明神宗赐经碑

然而，姜真人并非贪恋世俗荣耀名位之人。身为虔诚的全真道士，他明白一切的殊荣，一切的华美，都不过是过眼云烟。超越生死大限的窍门，在于自身精气神的保存。真人很仰慕全真祖师王重阳舍家创教的气概作风，于是，他在晚年辞去教务，在洗心池旁掘了一个小地穴祀重阳祖师。他甚至直接住进了这个地穴，以土掩埋，像五百年前那位"心死神活"的全真教祖一般，题此洞穴为"活死人墓"。入墓之前，姜真人叮嘱门下弟子，每日都要来此"活死人墓"前呼喊"活死人"。如果他回应，就可归去；如果他没再回应，就要入内收敛他的遗蜕。如此三年，弟子天天呼师父，

◎ 乾元观活死人墓碑（明万历三十四年）

师父天天应弟子。三年后的一个深秋之日，呼应不再。弟子启开"活死人墓"，姜真人已然坐化……至今，"皇明重兴乾元祖文谷姜公墓"碑石，仍静静地矗立在青龙山麓。

李彻度，安徽黟县人。父母皆曾梦见一道人投门而生贵子，故名之为"梦仙"。李梦仙年轻之时，曾有一崂山云游道士，自称"丘长春十代孙清静遨蓬头"，来度化他入道。此道人为李梦仙训名"一了"，教以修炼方法，并和他一起登天目山。在山上，道人叮嘱他要善守全真大道，不要被名利财色所迷惑，忽然即闪身不见了。李梦仙知道是仙师慈悲度化，于是弃妻子而云游南方诸仙山。在武当圣地，恰遇闫希言祖师，一见投缘。于是，他便与闫祖一起朝夕修证，前后共达七年。

后来，闫祖师离开武当山去江南寻觅仙境，李梦仙却一直留守在武当修道。直到万历十七年（1589），李梦仙去茅山寻访闫祖踪迹，却未曾想，闫祖已经在一年前仙逝了。追思道友之余，为表尊敬，李梦仙提出要拜闫祖弟子姜本实为师。谦和的姜本实再三推辞，不敢接受仙师故友的拜师。于是，李梦仙望空而拜闫祖，自动加入了姜本实弟子的辈分，道名"合坤"。姜本实非常感动于李合坤对先师的情义，遂决定与李合坤共掌乾元观事务。

谁知道，李合坤真人根本无心于名位，他像闫祖一般，披着破衫，趿拉着鞋子，混迹于乾元观道众之间。时间一长，那些道众竟然忘记了他曾是闫祖的道友，反而对他不太待见。李合坤洒然无碍，更号为"李彻度"，行迹江湖而去。他内丹功夫精深，博学多识，医道非凡。遇到诸多求医问药者，不用药物针灸，只是以咒语、气法、符水治愈。其治病若神，有起生死、肉白骨之功力，江南一带均以"活神仙"目之。久而久之，他的名字被讹传为"李赤肚"，真人也是呵呵一笑，自名"赤肚"。自此，在冰雪寒冬，他就赤着肚皮，面色红润，面颊上汗水滴淌。这肚皮上，甚至还能蒸饼和温酒……

无疑，这位赤肚道人，与闫祖师一样，已大丹成就。凡是见过他的人，常能见其眉宇间有云气缭绕。李真人可以一餐数斗，也可以数日不餐。八十余岁的他，却有四十岁那样的容貌。有嫉妒他的人，用鸩酒来毒害，李真人明知有毒而饮酒。然后，竟如全真七子中的王玉阳祖师那样，将酒

从毛孔中逼出，毫发无损。从此后，无人再敢不敬其半分。

李彻度真人虽然游戏风尘，却也不负姜本实真人之厚爱，积极帮助他兴复乾元观，扩大影响。他的奇迹异行，道学修养，使江南士大夫如礼敬闫祖一样地礼敬他，并继续给予乾元观各种资助和护持。乾元观的扩建和神宗皇帝颁赐《道藏》，在很大程度上也是与李真人的影响分不开的。其后，经同样曾由闫祖亲自传道的王合心（王小颠）嗣传教务后，到了李彻度真人的弟子李教顺任住持时，乾元观殿阁的重建工作彻底完成。一时间，声播朝野，神宗皇帝甚至连下圣旨，命乾元观道士建金箓斋，祈求圣母吉祥安康，天下风调雨顺，疆宇澄清……

自闫希言祖师而下，历经几十年的春去秋来，颓败不堪的乾元古观，终于在全真闫祖派的列位隐仙手中，浴火重生！乾元观宫宇堂皇，高道云集，乃是茅山道教唯一的全真丛林，也成为江南乃至整个南方全真道的中心。它深受朝廷恩宠，甚至与武当山、龙虎山等名山的宫观不分轩轾。

在这个古观中传出的"闫祖派"，自明朝中期以后，也成为大江南北最重要的全真道派之一。福地茅山历来有"三宫五观"，到了清代，其中的九霄万福宫、元符万宁宫、崇禧万寿宫这"三宫"皆属于上清、清微等正一道派。而乾元观、仁佑观、德佑观、玉晨观、白云观这"五观"则悉数为全真派的道场。尤其乾元观和仁佑观，是明确传承"闫祖派"的全真道观。另据有关道史记载，明末龙门派第七代宗师沈常敬，晚年亦曾隐居茅山修道，并仙逝

◎ 雷接碑

于此。他的法嗣玄裔孙玉阳、周明阳、闫晓峰等，都曾先后在乾元观设席讲法、弘道度人。虽然他们并非闫祖派的直系传人，但乾元观仍然宽容地接纳了这些励志隐居的高道。"有容乃大"，这不正是全真的风范、闫祖的风范吗？

　　雷合之碑，至今依旧静静地矗立在乾元观大罗宝殿门前。在那个风雨交加的雷电之夜，它经历了蕴含天机的涅槃；其后，数百年春花秋月的日子里，它见证了全真隐仙的道业。依稀漫灭的石刻题额，仍然在三清道祖的注视下彰显着威严。翰墨留香，追忆仙踪，我们仍可在当年王世贞所亲撰的《闫道人希言传》中，读到这样的文句："出无恒向，诣无恒主，宿无恒夕，忽然而来，忽然而去。无住为主，无恋为本，无相为宗。其真有道者也！"

　　乾元观，在不断经历着岁月的轮回，它需要新的儒雅风骨，也需要新的册传记述。遥望郁岗峰，苍翠如初，似乎也在等待着新的隐居，去书写新的历史。

明季儒隐：复社君子

政治黑暗 君子抗争

明朝晚期，政治衰败，党争迭起，吏治不清，内外交困，先有东林与三党、阉党之争，后有复社与内阁之争。东林和复社一脉相承，成员多是正人君子，矫矫名节，铮铮风骨，在仕途上却很不得志，更多时候只能避居山林，讲学问道。但他们并非从此"两耳不闻窗外事，一心只读圣贤书"，而是密切关注着朝野的气象变幻，"风声雨声读书声，声声入耳；家事国事天下事，事事关心"。东林领袖顾宪成的这副对联将他们的心志表露无遗。天启年间，东林饱受阉党迫害，精英殆尽；崇祯朝，复社兴起，继续高举前辈大旗，以清议涉政，即使处江湖之远，亦不忘忧国忧民。周镳、张采等复社元老先后罢归，曾一度隐居于茅山乾元观。不过，他们只是蛰龙潜伏，待时而飞。一旦机遇降临，他们仍会坚决地投入政治浪潮中，试图拯救摇摇欲坠的大明帝国。此可谓乾元观之"儒隐"也。

明崇祯九年（1636）五月，安徽贵池文士吴应箕前往茅山乾元观，拜访好友周镳。此时虽已入夏，然而阴雨绵绵，山风阵阵，还是令人颇有寒意。吴应箕好不容易来到乾元观，走进观内，意外地碰见了另一位故交张采。二人也有数年未见，异地相逢，分外惊喜，"入门各为惊，披衣道情素"。其时，朝野一片风声鹤唳，内阁首辅温体仁正在发动一场针对复社的围剿战。张采、吴应箕作为复社中坚，谈起近年来的风云诡谲、世事变迁，自是感慨万千，"殷勤感旧迹，慷慨悲当路"。这些天，周镳因为有事外出，不在乾元观内，吴应箕颇以为憾，他站在石门前，叹惜道："我友契风云，婴心非尘务。怅然临石门，相期不相遇。"石门是郁岗峰上的两块天然巨石，形似两扇门，石门所产苍术为茅苍术中最上品，三茅祖师曾在此修持服食。

周镳，字仲驭，号鹿溪，江苏金坛人，周氏乃当地望族，万历至崇祯年间，一门父子两代共出了七位进士，实属罕见。那个朝代，三年一次的科举，全国只取两三百名进士，可比现在的博士都难考。周镳的大伯父周应秋官至吏部尚书，是魏忠贤门下"十狗"之狗首，卖官鬻爵，迫害正人，恶行累累。周镳的父亲周泰峙非常耻于与兄长为伍，一直拒绝兄长的召唤

进京为虎作伥，长期流放在外，官至云南布政使。为了和大哥划清界限，周泰峙干脆在茅山西边的句容买了宅地，以示篱隔门庭之意，与大哥老死不相往来。

周镳自小崇尚气节，性格刚介不阿，少年时，常随舅氏张明弼共读于茅山之麓，每每谈及阿谀奉承、卑躬屈膝之徒，无不唾骂；论及项羽存剑复楚、张良刺秦报韩之举，则唏嘘不已，低回流连。一天，周镳读《五代史》，看到郑韬七十载侍奉真伪十一皇，冯道历事五朝八姓，突然按剑而起，怒斥道："此等匹夫之罪，不在秦桧之下！"明初，燕王朱棣发动"靖难之役"，篡夺侄子朱允炆的皇位，大肆屠杀前朝忠臣，株连九族，许多人被剐舌、剜心，甚至剥皮，尸体被野狗抢食，无人问津，惨不忍睹。20岁那年，周镳读《靖难集》，了解到这段历史，竟然悲伤落泪，发誓道："他日得志，必定为诸君请谥恤，酹酒祭奠！"张明弼在一旁赞许道："果如此，英魂毅魄可得告慰。"

天启四年（1624），25岁的周镳在乡试中一鸣惊人，以解元身份成为举人，崇祯元年（1628）考取进士。吏部铨选官员时，周镳原本授北都之职，他却主动请回南都，说道："钟山、淮水之间，尚存诸君子残芬剩烈，吾能时时得往凭吊，足矣！"周镳初授南京户部主事，曾经奏疏请谥恤靖难忠臣，但由于他是户部官员，请谥恤非其职守，礼部没有批准。不久，周镳调礼部主事，再奏疏，请以忠义正人心，慨然云："礼仪愈微，风俗愈衰，阉党之乱也，在廷之臣莫敢发一语。其所为假子义孙者，皆绅冠衿带，号为士大夫，斯足叹矣！"天启年间，阉党当道，忠义遭抑，士林堕落，弃节改操、助纣为虐之辈层出不穷。崇祯皇帝登极后，很需要道德榜样鼓舞人心，效忠新政，顺势批准了周镳的请求。

周镳深以大伯父周应秋加入阉党为耻，他广交东林之流，大倡名教气节，极力推崇东林领袖顾宪成、高攀龙："千百世之下，千余里之远，闻两先生之风，思两先生为人，其言吾之言，行吾之行也。"从政之后，他常以东汉名臣李膺、范滂为榜样。此二者皆疾恶如仇，为官清厉，汉桓帝、灵帝时，宦官专权乱政，二人联合太学生反对，被宦官迫害，死于党锢之祸。当时，有人说周镳伪善,他不屑一顾地回道:"伪而为善,宁如诚而为恶乎?"

　　崇祯皇帝登位以来虽然励精图治,但又怀疑廷臣朋党营私,而此时国库告匮,四方用兵,军饷不敷。于是,崇祯四年(1631)九月,他颁旨遣大内太监张彝宪总理户、工二部,建专署,令各部官员前来谒见,接受钱粮审核。皇帝因为不信任外廷就滥用内廷,这严重违反了祖制,对外廷官员也是莫大的侮辱。崇祯五年(1632),工部右侍郎高弘图、工部主事金铉先后奏言请撤专署,并疏劾张彝宪,结果都被免官罢职。

　　这时,周镳正在着手整理靖难忠臣的事迹,但见朝中宦官势起,廷臣受挫,甚为忧虑,觉得自己不能远摹前辈先烈而无视当下之事,于是,崇祯五年十二月,他毅然上疏力救金铉,请撤张彝宪,奏曰:"内臣用易而去难,此从来之通患。然不能遽去,犹冀有以裁抑之。今皆不然,但见因内臣而疑廷臣者多矣,用廷臣而疑内臣无一焉。"他甚至毫不忌讳地指责皇帝:"自今播弃忠良,奖成宵小,只快奸人之计,臣益不知何所极矣!"皇帝怒其切直,立即削职为民。礼部员外郎袁继咸、户科给事中冯元飚先后疏救周镳,皇帝没有理会。南京户部尚书郑三俊为此十分惋惜地叹道:"周仲驭去矣,部属中求此等人,何可多得!"

　　张采,字受先,号南郭,苏州府太仓人,少时与同乡张溥结伴共读,世称"娄东二张"(太仓古称娄东)。张采与周镳是同年进士,情谊笃厚,不过,他最初来金坛,却是因为周镳的堂弟周钟。周钟,字介生,敏颖绝伦,13岁便以院试第一名考取生员(即秀才),18岁开始扬名文坛,是写作八股文的高手。天启初,周钟选刻《己未房稿》,华锋一露,名声大噪,士子竞相追捧。嘉靖以来,太仓先有王世贞领军文坛,后有王锡爵执政当路,俨然士林重镇,尔后日衰。张溥、张采二人雄图大志,欲重振娄东文风,然而皆不得其法,张溥更是在岁考中失利。天启三年(1623),他们听说金坛的周钟正在提倡时文新说,特地登门讨教心法。周钟是个热心人,提携后进,唯恐不及,他的家门口哪怕在扶风冻雨的季节都是车水马龙,拜访者络绎不绝,附近的酒肆食铺亦因此得利。周钟和二张一见甚欢,畅谈昼夜,尽传心得,三人遂订盟结交。回去后,张溥尽弃前学,更尚经史,再试夺冠。

创办复社　经世济民

　　天启四年（1624），张溥、张采、周钟及周钟之兄周铨等十一人在苏州成立了应社，其时，周钟文名最高，被推为主盟者。应社志在尊经复古，专治五经文字，评选时文，说白了，就是一个八股文研习班，专门为了应对科举考试。后来，应社更名广应社，打破地域局限，推而广之，吸引了安徽、浙江等地的文人参加，与把持文坛的山东莱阳宋氏、湖北麻城梅氏、江西"豫章四子"遥相应和，扬名天下。天启末，广应社与安徽的匡社和南社联合，吸纳了吴应箕、沈寿民等安徽名士。崇祯二年（1629），张溥召集四方名流，在苏州尹山举行大会，宣布合并诸社，成立复社，此乃天下第一大文社。其时，周钟负责社内的时文评选，张溥负责对外联络和交际，海内同人皆以张溥为宗主。

　　复社的创办并不只是为了研习八股文，张溥、张采、周钟他们还有更远大的目标。他们要借此追寻东林前贤的足迹，在这个士风不振、礼教衰败的世道，力图通过宣扬"兴复古学，务为有用"的思想，让读书人承载"明理尽伦"的道义，实现经世济民的抱负。

　　崇祯四年（1631），张溥考中进士，选入翰林院，他的弟子吴伟业更是以榜眼及第，二人同出首辅周延儒门下。然而，张溥在翰林院与次辅温体仁多有不合，暗中指使吴伟业弹劾温体仁的亲信、吏部郎中蔡奕琛。温体仁十分恼火，欲重处张溥，赖有周延儒调停，张溥遂以葬父请归故里。崇祯六年（1633），温体仁用计逼走周延儒，成为内阁首辅。是年，复社举行虎丘大会，温体仁的弟弟温育仁希望入社。可是，温育仁不学无术，张溥素恶其兄，没有答应他的请求。温育仁恼羞成怒，便雇人撰写了传奇剧本《绿牡丹》，讽刺复社，角色多影射张溥、周钟等社中名士，还让戏班排练，在浙江各地轮演，轰动一时。复社成员深感耻辱，张溥、张采二人亲往浙江，请浙江提学副使黎元宽查禁书肆，销毁《绿牡丹》刊本，还将温育仁的家奴拘捕下狱，以示警告。

　　崇祯六年秋，太仓因受灾粮食歉收，知州刘士斗向张溥、张采请教救荒之策。张采作《军储说》，建议将漕粮转为当地军储，以解燃眉之急，张溥跋语书后。结果，苏州府推官周之夔疏劾二张悖违祖制、紊乱漕规，引起风波。崇祯七年（1634）十二月，温体仁以整顿士风为由，将黎元宽革职。崇祯八年（1635）七月，免官的周之夔作《复社或问》，发泄对复社的怨恨。崇祯九年五月，太仓监生陆文声向朝廷举报张溥、张采"倡复社，乱天下"。此人曾犯事遭张采鞭笞，又欲入复社不遂，心下怀恨。温体仁找到借口，立即下令严查复社之事。

温体仁对复社的忌讳并非只有个人恩怨。早在崇祯七年的会试，温体仁就发现上榜者多出于复社。复社势力大举渗透朝廷，是任何对手都不愿意看到的。于是，温体仁和蔡奕琛商量改变取士之制，以禁将来，且可以安插自己的亲信。当时，农民起义已经星火燎原，朝廷奇缺人才，温体仁就向皇帝建议推行举孝廉，崇祯九年开始实行。结果，温体仁从吏部拿到第一批荐举的名单，心里顿时凉了半截：复社的人竟然又占了一半！他很不希望复社一家独大的局面这样维持下去，因此，一直伺机打压复社。

仕途艰险　归隐乾元

张采考取进士后，授江西临川知县，摧强扶弱，多有善政，崇祯三年（1630）因病请假回乡休养，居家不出。崇祯六年，周镳罢官后，隐居乾元观，读书问学。他知道老友体弱多病，在太仓亦饱受世俗困扰，便邀请张采来茅山静养。这日夜晚，张采捧着周镳的书函细读，独坐孤灯下，陷入沉思，竟忘了时分，不觉天已放亮，他对隐居山中的周镳大有志同道合之感，不禁吟道："本欲寻玄侣，多君说旧盟。道随铜雀影，心定木鱼声。花落家无梦，溪通山有情。华阳云咫尺，潮到即时行。"想到茅山之行，张采有点兴奋，其时初春，天气苦寒，他向老友约定，等事情安顿好，便顺流而下，山中相聚。他还因为自己病弱少食，戏谑正好符合道家辟谷修炼的法门："月落三峰下，人来万木边。问谁能辟谷，强饭学神仙。"

此后几年，每逢入夏，梅雨季节，漕河水涨，张采都会乘舟来茅山，避暑静修。他大多时候都住在乾元观的斗姥阁。斗姥即斗姆，乃道教传说中北斗众星之母，具有保命延寿的神力，故而，长年抱病的张采选择居于此，也是希望能够得到斗姥元君的庇佑。晴天，由斗姥阁往南眺望，十里外的三茅主峰近在眼前，一旦落雨，又不可见。张采忽生感慨，诗曰："晴峰日在望，阴雨旦欲昏。远近山不改，阴晴势自分。百感多流迁，能无慎升沉。草木护枝叶，鸟亦惜羽音。愿言山居子，静观持一心。"

晚明社会儒释道三教融合的思潮十分强劲，官绅士大夫广受影响，比如，周镳、张采就以儒起家，笃信佛教，又亲近道家。久居山中，张采越发领悟到清静无为的玄妙，"惟静得山意，世趣每间之。欲结静者缘，山深心则持"。"淙淙水何往，涧石声无私。披衣问道侣，有性即吾师。"张采在乾元观内与道众们相处融洽，经常一起探讨修身养性之道。他曾经赠诗给一名少年出家的乾元道士，云："何能无意气，仿佛到虚空。落海惊凡世，寻山得此中。桃花源内外，仙鹤背西东。我欲同玄伴，呼君作远公。"

崇祯九年（1636）五月，陆文声向复社发难，温体仁磨刀霍霍，张采为了躲避风头，重返茅山，静观其变。不料，到了深夏，张采在山中突发恶疾，奄奄一息，几无生机，周镳和周钟在床头急得相对而哭，怨自己对老友照顾不周。所幸，不晓得哪位道人的灵丹妙药起了效果，终于把张采从阎王殿拽了回来。这似乎也是复社命运的隐喻。崇祯九年至十年，复社在首辅温体仁的连番打击之下，逼近绝境，岌岌可危。谁曾想，崇祯十年（1637）六月，温体仁却因为得罪大太监曹化淳，被罢官免职了，复社之围立解。是年秋，复社举行虎丘大会，吴应箕赠诗周镳、张溥、张采等同人，曰："相看霜色尽吴中，共叹黍离已降风。患难弟兄时聚散，诛求文字等穷通。幸遭圣世宽钩党，忍说诸生号小东。却有先忧如我友，为伤疹瘵是虚空。"这一年，复社劫后余生，从此走向了全盛时期。

乾元观内有一块御制赐经碑。万历中期，高僧紫柏大师请神宗皇帝赐《道藏》给茅山，供奉于乾元观，乃立此碑。紫柏和尚是晚明佛教兴起的主要推动者，他兼通外学，不执守佛教的一宗一派，还主张儒、道、佛同源，思想相当开明。紫柏最初来金坛传教，迎接他的就是金坛居士于明照。于氏家族在金坛首屈一指，于明照早年与乾元道人闫希言、李彻度交往深厚，还募建了乾元观的天心庵。于明照的弟弟于孔兼和顾宪成、高攀龙既是同僚又是好友，属于东林元老。于明照的儿子于玉立是紫柏的俗家弟子，也是东林党在政治上崛起的关键人物。于玉立的儿子于鏊娶了周应秋的女儿，那时候，周应秋还没有堕落成趋炎附势的小人。不过，于鏊很有骨气，老丈人附阉党得势之后，数次召他入京做官，他都拒绝了。

周镳是一名佛教徒，尤近禅宗，他曾经评点过舅氏张明弼的《禅粟粰》，这是一部讨论禅宗话题的问答集。周镳平日生活简朴，只食糙米蔬菜，入山喜住寺庙。他退出官场后，选择乾元观隐居，既有地理亲缘，也是信仰使然。万历年间，闫希言祖师来到茅山，重建乾元观，大力弘扬全真教，到了明末已经影响广泛。全真教创立之始就汲取了儒、释思想，提倡三教合流，并且要求道士出家、持戒、茹素，主张"修真养性，识心见性"。这些都十分接近禅宗，因此吸引了周镳、张采等佛教居士前来。

当年，周镳因弹劾太监张彝宪被革职，吴应箕还未与他相识，却很赞赏其行为，认为"以气节称者，无如周镳"。于是，吴应箕主动来茅山，与周镳结成金兰之交。经过深入的交往，吴应箕对周镳的品德更是无比佩服，常对友人称其为"今世之大贤"。

除了吴应箕，周镳先后结识了不少安徽文人，如桐城的方以智，宣城的梅朗中、沈寿民等人，个个以诗文才学名于世。方以智早在崇祯四年就到金坛拜访过周镳，周镳的热情好客让他印象深刻，认为大有战国时赵胜、田文之风，"好客如今久不闻，江南江北独有君。少壮蜚声满天下，不数赵胜与田文"。周镳罢居茅山，他赠诗极赞道："放逐感恩缝短褐，牢骚抚掌结长缨。茅山充栋应闭户，不在人间有姓名。"梅朗中酣情嗜古，周镳居所总是佳客如云，他不禁赋诗曰："坐齐竹林数，韵流兰亭爵。冷冷夜遂阑，共惜罗衣薄。"这种场景让他想起了王羲之的兰亭雅集。

沈寿民与周镳最为贴心。周镳遭罢后，二人就结伴共读于茅山，并且设馆授徒讲学，许多江南子弟慕名而来，清初著名文学家施闰章亦出自二

人门下。其时,作为复社党魁,周镳的声望不在张溥之下,"扶风绛帐,弟子半天下",门人最多时高达数千人,遂有"周夫子"之称,吴应箕说他可与当年的顾宪成一比。沈寿民在一首诗中写道:"歌君君归知几年,华阳老松秀生烟。手排三峰高布筵,诜诜千夫奔一贤。玉芝满谷不爱仙,疏钟满云不爱禅。洙则有源泗有泉,愿乘赤麟追骞渊。"诜诜千夫奔一贤,喻指周镳学徒广布,洙泗乃昔日孔子讲学之地,沈寿民借此典故盛赞老友,虽有过誉之嫌,但也说明周镳确实名动天下,令清静的茅山之中有了不亚于香汛期的盛况。

周镳在乾元观完成了《逊国忠纪》后,又苦攻诗文,撰写了《十四哀诗》,宣扬天启年间东林遇难诸贤。全篇共 14 首,人物包括杨涟、魏大中、左光斗、周顺昌、高攀龙、黄尊素、李应升等人,以及五人墓、魏大中之子魏学洢。吴应箕对《十四哀诗》评价甚高,赞曰:"子昔曾抗疏,身废甘退耕。存没岂不异,殊事有同情。今子何慷慨,长吟日敝精。虞公穷发愤,陶公酒避名。著述各有托,大义古今明。"沈寿民更是了解周镳的志向,明白他在这个乱世之秋,编《逊国忠纪》、撰《十四哀诗》,就是要抒发幽愤,重振义声,弘扬节气,鼓聋醒聩,挽救世道人心。崇祯十一年(1638),周镳、吴应箕、沈寿民为了驱逐横行于世的阉党余孽阮大铖,发起了著名的《留都防乱公揭》,将阮大铖逐出南京城,公义昭然。

崇祯十五年(1642),明朝已是四面楚歌,内有李自成、张献忠等人的农民起义,外有清军时时袭扰关内,虎视眈眈。于是,朝廷决定启用此前被罢废的官员,弥补各部、各地人才之缺。崇祯皇帝这是无奈之举,也是最后一搏。周镳被召为北京礼部主事,吴应箕闻知老友将出山,特地来茅山登门祝贺:"门高龙作号,溪浅鹿为俦。""君出吾忘处,相期已近秋。"周镳随后升礼部郎中,颁诏江南,旋即遭人弹劾,再度罢归,退居茅山。

崇祯十七年(1644)四月初五,东林前辈、复社耆宿钱谦益受友人之托,为乾元观刚刚落成的玉皇阁作记。这位仕途很不得意的文坛宗主非常忧国忧民地写道:"兹山为金陵膏腴,勾曲地肺,兵水不加,灾疠不犯,祀上帝于此山,帝必将降宝以镇国也!"彼时通信落后,全国邮路驿站因战事中断，钱老先生哪里知道北京城已在三月十七告破、崇祯皇帝也在煤山自缢了！而他自己则在一年后做了清廷的贰臣。

崇祯自缢的消息传到江南后，马士英、阮大铖迅速拥立福王在留都南京称帝，成立南明政权。阮大铖与周镳有私仇，他就利用周钟在北京投降李自成大顺政权的行为，将周镳连坐列入"顺案"，强按罪名处死。临刑前，周镳口占绝句："死生千古事，犹留一寸心。"吴应箕在山中得知好友死讯，悲愤诗云："闲看处堂喜，真称举国狂。人犹杀李范，运不及齐梁。"周镳踏上仕途即以李膺、范滂为楷模，孰知人生结局也似李膺、范滂。而他在乾元观的"儒隐"，也为这座千年道观带来了忠义之气，令人敬佩。

郁岗文隐：笪重光

天赋异秉　罢官归乡

　　顺治十四年（1657）的茅山郁岗峰，仙雾缭绕，云气在此回旋反转、飘荡不去。岚霭间玉树葱茏，以孤傲的身姿坐看云起云落，也似乎在安慰着一个无处栖止的灵魂，温暖着一颗失意的心。

　　茂林修竹之间，一位青衫男子踱着踯躅的脚步，自远处走来。他年三十上下，修眉细目，身材颀长，文雅俊朗。但眉宇之间，似乎带着几丝忧郁与落拓，流淌着难以释怀的往事。

　　眼前，已是竹林的尽头。青衫男子抬起头来，看到了那片依山势而上，犹如蓬莱玉阁的建筑。灵官殿、钟鼓楼、三清殿、松风阁，依稀可见。悠扬缥缈的道教音乐，带来的是仙家独有的钧天雅韵。青衫男子怔怔地立住，似乎这音乐中有一股神力，令他魂魄消融。乾元观，他也不是第一次来了，可是不知为什么，今天的乾元观别有一番神韵，令他感受到了平和与自然，逍遥与解脱。

　　　　常世人间笑哈哈，争名夺利你为啥。
　　　　不如回头悟大道，无忧无虑神仙家。

　　心头浮现了金丹南宗五祖，隐仙高道白玉蟾的诗句，青衫男子的眼眶中隐然有了晶莹的泪珠。这是彻悟，这是了然，这是一份对天地之道的独特感动。倏然间，他似乎明白了什么，眼神由迷离变得坚定起来，迟疑的步伐却轻松了，洒脱了。一路拾级而上，玉立的身形似乎白鹤，隐没在乾元观水墨般的屋舍之中。

　　这青衫男子，就是刚从江西监察御史职位上被罢官的笪重光。他的家族，最早在北宋时期，便自淮上的六安迁居到福地洞天的茅山脚下，句容之东乡的茅冈，时号"笪家源"，后称茅庄。自明中后期以来，笪氏家族历代诗书传家。仕而为官者，亦政声清廉。笪重光的曾祖父笪继良和父亲笪昌龄，在官、学两界都有很高的声望。这样的"学"与"仕"的基因，也许注定要造就笪氏家族一位清介高雅的才士。

明天启三年（1623），笪重光诞生在句容茅庄。父辈之所以给他取名"重光"，后来表字"在辛"，这其中的讲究，后世之人自然是难以揣度。不过，依稀可以想象到，历经官场荣辱而心不忘圣人之教的父辈，是多么希望：这个新生的笪家男孩在长大成人后，无论世事多么艰辛，也要行光明正大之道。

笪重光自幼年起，便表现出不俗的天资才赋。史书上称他"年弱冠，姿度弘伟，推倒侪辈，行卷文字，见者推为大家"。要知道，在江南文风盛行之地，一个年方二十岁的青年人，援笔作文，能被称为"大家"，那是相当不容易的。

笪家几辈读书仕进之人，都在丹徒考取秀才而为诸生，故在镇江府人脉熟络。在族中长辈的安排下，笪重光在"京口三山"之一的焦山，潜心攻读求学。在这里，梵呗声声的佛寺，让他心灵得以安宁。琳琅满目的焦山碑林，使他徜徉在书法艺术的博物馆中，书艺大进。而最令他难忘的，还是焦山独立于大江之中，遗世而独立的隐仙之气。此山之命名，乃是缘于东汉末年名士焦光。他在这里结庐隐居，炼丹治病，惠泽一方百姓。皇帝闻名，曾三下诏书敦请而被焦光拒绝。高风亮节的人，世人会永远记住他。于是，这座碧玉浮江的小山，便渐渐笼罩上了隐逸的仙气。以至于后来佛教在这山上兴建寺庙，传扬佛法，也无改那空灵的仙气。年轻的笪重光，有缘在这座秀美的隐士仙山读书，也许，对他后半生的经历来说，是天意之安排。

其实，在笪重光青年读书的时代，中原大势已经有了天翻地覆的变化。明末的朝政腐败，民生凋敝，不仅激起了李自成、张献忠等各路义军揭竿而起，更引得骚扰大明关外几十年的清朝铁骑蠢蠢欲动。终于，大顺农民军破城而灭朱明天下，吴三桂冲冠一怒而引东虏入关。明亡清兴，演出了一幕幕生灵涂炭的活剧。江南富庶之地，所遭战祸尤重。南明小朝廷昏聩不堪，自史可法扬州抗清失败后，镇江一带很快就被清兵攻占。

青年笪重光，正处在这样一个风云变幻的时代。今天的人们已难以揣测，改朝换代对他的精神世界究竟有何冲击和影响。至少，在焦山隐居式的读书生涯，使得他学业大进。他先以句容籍补博士弟子（即通常所说的

"秀才"）。后来，在清顺治八年（1651），笪重光举于乡，时年二十九岁。第二年，他又成为进士，在刑部观政，晋郎中之职。他文辞高雅，熟稔古今，"江上外史"的名号，在京师颇负盛名。

顺治十二年（1655），面对天下初定，贪墨污吏肆意不法的现象，清世祖为巩固统治，特意提拔了一批巡案御史。笪重光因才学闻名于朝廷，故被任命为江西监察御史，开始了他为官出仕的生涯。

作为起自关外的少数民族，清朝统治者入主中原伊始，在经邦治国的管理上难有作为。明末的官场腐败，苛政陋习，并没有因为朝代更替而好转，反而趁着国初制度的不完善而膨胀起来。笪重光早知此种弊病，深受孔孟圣贤之道教诲的他，带着年轻人特有的锐气，下决心刚正为官，惠泽百姓。在江西办案期间，他廉正清直，恪守奉公，深得百姓的拥护和爱戴。后世的正史赞颂这时期的笪重光是"风骨嶙峋，佥邪绝迹"。他满怀着治国平天下的远大抱负，曾赋诗曰：

> 晓漏侧鹓班，金銮鹄立间。
> 肃雍瞻步辇，拜跪俟恩颁。
> 学士宣名罢，中官赐茗还。
> 丁宁澄吏治，告诫省民艰。
> 矢心情若水，捐报重如山。
> 瞳日辉双阙，条风扇九关。
> 愿垂聪听彻，封事达龙颜。

然而，木秀于林，风必摧之，何况是在龌龊不堪的官场！上任不到一个月，笪重光即接到百姓喊冤的状纸，状告江西分巡湖东道佥事，大贪官李嘉猷。笪重光在详细调查李嘉猷的罪行后，立即向朝廷上表弹劾。他指出：

> 其才则猛鸷剽捷，其守则狼狈恣睢，使万民饮恨，而属吏不敢犯其锋；能使道路指名，而公庭不敢数其罪。恃才而贪愈烈，善贪

而才益彰。江省若留此官，即参他员而人不慑；此官不以贪处，即纠小贪而法不灵。彼交游称广，有恃为非，臣不敢畏祸不语，为简书辱。乞立赐乾断，地方幸甚。

字里行间，明显可以看出清初贪官污吏狡诈凶狠的嘴脸，以及笪重光一心希望乾坤清平的拳拳之心。然而，初入官场的笪重光不明白的是，李嘉猷之所以能够横行地方多年而安然无恙，当然是仗着朝中有高官大佬袒护包庇。权贵的门槛，利益的网络，使笪重光这篇饱含铮铮之言的弹劾书，并没有在京师朝廷引起任何反响，就像泥牛入海，了无消息。而真正残酷的结局是，这篇弹劾书反而成为朝野中那些嫉妒和猜忌他的魑魅之辈的口实。很快，在顺治十三年（1656），一向官名清正的笪重光即遭受了被革职回京的惨重处罚。后来，甚至被莫须有地判了刑。虽经京师挚友们的多方努力奔走，得以钱银赎罪而免刑，但他也成为被朝廷"永不叙用"的人员了。

在京师免罪削职，笪重光只有返奔茅山故里。谁料到，京师的贪官政敌还是不肯放过自己，竟重金买通了江湖黑道的杀手，企图置他于死地。走到茅山脚下，已是大雪封山。笪重光已然发现了刺客的踪迹，并感觉此刻就要对他下毒手了。好在他急中生智，背朝前，脸朝后，退步走上主峰。这样，一路雪地脚印踪迹，都指向了山下，刺客也就误以为笪重光不在山上，于是向别处追踪了。

逃过这生死劫难，笪重光大病一场。他仿佛一夜之间苍老了几十岁，空洞的眼神经常直视苍天，似乎在追问着什么。有时，他似乎疯疯癫癫，醉酒当歌，神似魏晋时阮籍、嵇康之流；有时，他又伏案疾书，龙飞凤舞的狂草写了一张又一张，有识得他书法的人，明白那写的就是弹劾李嘉猷的奏章。

哀莫大于心死。其实，笪重光的心并没有死。他不是一个僵化愚忠的腐儒。在焦山读书的那段时光，他就阅览了不少佛、道的典籍。尤其老庄道家之书，是他最为喜爱的。平时习字作画，也多能从道教空灵玄妙、冲淡悠远的意境中得到启发。不知不觉间，飘然出世的思想早已深深渗入了笪重光的心田里。这次遭奸佞陷害罢官，从儒者事功的角度来说，他无愧

◎ 笪重光茅山全景图

于孔孟之学的教诲，显示了大丈夫的浩然之气；从道家隐逸的角度来看，更是他抽身俗世纷争，遁入深谷幽兰般隐士世界的契机。冥冥之中，似有定数，牵引着笪重光向着郁岗峰下仙隐的福地走去。

徜徉乾元　逢昆而拜

乾元观，松风阁。千和香的淡雅芳缕，在八卦炉中袅袅升起。一袭青衫，刚从山路竹林行来的笪重光，正与一位须发雪白，道骨仙风的全真道人对坐品茗。这道人，正是在乾元观设席传法的龙门派高真孙玉阳。他清癯的面容，细长的凤眼，似乎永远在半睁半闭之间，氤氲着无穷的智慧。

"仙长，我自罢官以来，心绪烦乱。不知为何，一步入这郁岗峰乾元观之所在，即心境疏朗，透体清爽……"

"呵呵呵……"孙真人金声玉振的声音响起："笪先生骨相清奇，非名利场中凡俗过客，而与我三清道门有缘。乾元观乃晋唐古观，修仙福地。前朝万历年间，赖闫希言祖师开全真法脉，流传至贫道等，已是仙风有继。现今尘世中大乱初定，尚有纷扰，欲得盛世明主，还需时日。况先生夙有仙根，官禄缺乏，而清福无量。如贫道观先生面相不差，则十数年内，我茅山道门尚有大事仰仗先生之力。全真圣教，更有先生之位呢。"

"什么？"笪重光闻言大惊。官禄缺乏云云，他早已不放在心上。茅山道教尚需要他的力量，却使他如坠云雾之中。欲待开口问询，孙真人却似

乎早已知他心事，笑言："天机不可泄也。此非贫道托遁之词，而是确实如此。日后先生入道，自有分晓。昔日闾祖师来乾元观，乃是因其师留有'遇乾则止'一语。今日贫道斗胆，送先生一语曰'逢昆而拜'。他日必有应验。"言已至此，笪重光知道多问无益，遂起身告辞。孙真人送出观门，望着那青衫远去的身影，微笑着点头，凤眼中玄机无限。

自郁岗峰乾元观归来，笪重光似乎真正获得了重生，已然有几分仙风飘洒之相。他仰慕道教金丹南宗的五祖白玉蟾，遂自己改名为"笪蟾光"，还起了几个深具道教含义的道号。如"始青道人"之名，是来源于《正统道藏》首经《度人经》，因元始天尊就是在"始青天"中，向十方天真大神、上圣高尊、妙行真人、无鞅数众演说灵宝度人经教，阐发"仙道贵生，无量度人"的大乘道教思想。这个道号，确实气概非凡。而"郁岗居士""扫叶道人"的名号，就更为世人所周知了。无疑，这里面蕴含着笪蟾光对茅山乾元观的深切感情，及希望在观中仙隐居真的愿望。

罢官后，笪蟾光经常往来于句容家乡和镇江之间。笪氏家族在句容一带是个大家族，田地产业不少。族中无论长老弱冠，都对笪蟾光的人品和学问钦佩不已。于是，在族人的襄助下，笪蟾光在故乡茅庄及镇江修建了几处隐居的道馆，如松子阁、鹦笑斋、鹅池馆、五州、八公、九华、竹林、招隐。其实，很多就是山水清秀处的一两间茅屋竹舍。只不过，"山不在高，有仙则灵"，有笪蟾光这样的"隐仙"栖居，这些小茅屋也就成为镇江、句容一带文人高士聚集的风雅处所。当时，无论士庶耋齿，都尊敬而亲切地称呼笪蟾光为"笪先生"。

除了聚会的时日，笪先生其实并不多居住于这些地方。他更喜欢的是云游访道，尽兴于自己心爱的书画诗词之中。当然，乾元观是他经常拜会的地方。这位"郁岗居士"，每个月至少有十天时间，是在乾元胜地流连徜徉。他还向乾元观的全真高道请教内丹修行之法，并身体力行。这内丹法门是宋元以后道门的正统大道，直契仙家之要。自筑基道术开始，步步严谨玄妙，有脱胎换骨、重铸乾坤之神奇。笪先生从内丹修习中受益匪浅，更加确立了对道教的信仰。

江南真隐乾元观

众道人有鉴于此,也特意准许他翻览乾元观的镇观之宝——明神宗御赐《道藏》。这部《道藏》是中国古代最后一部正式编纂的大型道教经书总集。自明英宗正统年间诏令邵以正督校此事,至正统十年(1445)方正式刊版完成,故此《道藏》被称为《正统道藏》。后来,到了明神宗万历年间,又敕五十代天师张国祥增续《道藏》,称为《万历续道藏》。正续《道藏》合起来,共计512函5485卷。它依"三洞""四辅""十二类"的分类方法,尽载三清神真、道门高士之妙音法语,天地生化之奥秘,是道教无上至宝。笪先生有幸得睹御赐《道藏》,日夜翻阅,不禁智慧日长,心境大开。

深通诗词曲赋的笪先生,还对乾元观的斋醮科仪深感兴趣。全真道祖师在创教之初,提倡内修金丹、外度世人,并不突出斋醮。但随着教团的发展和信众的增多,势必要通过仪式的外在形式,来强化无量度人的功效。茅山乾元观的全真道人,在明神宗皇帝屡次下诏修斋建醮的推动下,大大发展了全真科仪的内容。笪先生通过与乾元观道人的不断接触,深入把握了全真科仪的精神内涵,并凭着自己非凡的艺术天赋,为其进一步优美和完善做出了独到的贡献。

秋去春来,笪先生扫去了郁岗峰下无数的落叶,也扫去了心中曾经的阴霾。短短几年,他的道学修为精进,整个人也气质变化,越发地仙风紫绕,气宇冲淡。他平日好施济救贫,扶危助弱,乡人无不敬仰。以至于茅

◎ 明神宗赐经碑

山上下开始流传着他的一些奇异传闻，好像他已经成为一位神通广大的"活神仙"。对此，笪先生总是淡然一笑，不以为意。一个真正的修真隐者，是不会主动去追求奇迹异行的。其实，在郁岗居士心中，还有一个解不开的谜扣，就是几年前乾元观孙玉阳真人给他讲的"逢昆而拜"。至今，他还没有遇到那个名"昆"的地方。或者，"昆"是一个人？这些，还都是天机……

清康熙二年（1663），古都金陵，隐仙庵。一位眉发苍然的全真道人，正与年方不惑的笪先生亲切攀谈着。那道人正是声名赫赫的全真龙门派"中兴之主"王常月祖师。他自幼有出世求仙之心，中年时曾拜龙门派高道赵复阳为师，受天仙大戒，并于华山刻苦修炼。后尊其师振兴全真宗风之训诫，在京师白云观三次公开传戒，得弟子千余人。其道名盛隆，被顺治皇帝奉为国师，三次赐予紫衣，甚至传说康熙皇帝也从其受方便戒。这在明清易代之际，道门衰微的艰难岁月里，无疑起到了中流砥柱的作用。王常

◎ 王常月

月祖师深知，欲得道门复兴，仅在北方授戒是不够的。于是他亲率弟子詹守春、邵守善等人南下，希望全真家风再盛于江南。刚到了六朝古都金陵，便遇到了慕名而来的笪先生。

这几年，笪先生隐居于乾元观，着实在修道方面下了不少功夫，尤其对道教正一、全真诸派的教理精蕴，也是反复参详。他也知道，道教追求的是心地清静，不死成仙。但如何可以保证清静之心常得而不退，如何才是真正的成仙了道，在他心中也着实有模糊处。此次风闻道门宗师王常月千里南下传道，笪先生不禁欣喜异常，亲诣南京城碧苑叩访求教。

执礼之下，笪先生便向王常月祖师请教道妙。他首先问："太上道教以'长生不死'为修行目标，敢问宗师，何为'长生不死'呢？"王祖笑着说：

"能够不死的，是修道者的法身；能够长生的，是修道者的元气。"笪先生闻听，顿觉言简意赅，耳目一新。他再问："敢问宗师，我们道门所谓'三皈依'，其关系何在呢？"王祖则答："未能明道，先皈依经；未能明经，先皈依师。若能依师宝，则经宝可闻于不闻之中；能闻经宝，则道宝可见于不见之际。"深具慧根的笪先生一点而透，欣喜不已。于是，他提出了最为关切的问题："晚辈自学道以来，常常以求心地清静为己任，却不能时时保持清静之境界。宗师您自京师来，不遗余力地登坛说戒。敢问，这全真龙门戒律与修真功夫之间，有何必然的联系吗？"王祖听到此处，双目一亮，朗声答道："这个戒字，是降魔之杵，能镇压妖邪；是护命之符，能增延福寿；是升天之梯，能朝礼三清，而超凡入圣；是引路之灯，能消除六欲，而破暗除昏；是仙舟宝筏，能度众生离苦海；是慈航津梁，能济众生出爱河。凡我道门修真之士，欲求真心清静，宜从恪守祖师戒行入手，兢兢业业，有始有终，自然身心交泰，仙真护佑，一举一动，无不合于清静境界。这些上乘功果，岂是那些破戒忤逆之士所能比的啊！"

这一番洞彻肺腑的睿智言语，在笪先生听来，无疑是天籁之音一般。当他再度叩问王祖道号法名时，得到的回答是"昆阳子"。倏然，笪先生浑身一震，孙真人"逢昆而拜"的谶语，立时浮现在脑海之中。果然是道缘天意，深不可测啊！想到这，笪先生再也无疑，纳头便拜。

王常月祖师微微一笑，搀扶他而起。因他道功高超，有前知之能，早知晓此次来江南，必可得一书画文章奇士为弟子。此人便是笪蟾光先生。师徒行礼之后，王祖命笪先生随侍身侧，甚至给予他"龙门派第八代启派师"的重要职位。当时江浙一带的全真受戒弟子多达千余人，"笪启派师"之名一时传于吴越山水之间。后来，王常月祖师著《初真戒》，亦嘱咐笪先生为之作后序，可见其在清初全真道中的重要地位。

当然，王常月祖师此行，也不会忽视笪先生背后的千年古观——乾元观。自闾希言祖师开始，乾元观即是江南全真道的一个核心道场。王祖在金陵一带传戒，毗邻的乾元观道士，亦经常到其戒坛处求学授戒。甚至有时，王祖还亲自到茅山乾元观讲经说法。他对以笪先生为代表的乾元观道

◎ 全真宗祠石匾（清康熙甲辰年）

人、居士很是欣赏，其"国师"地位也使乾元观在全真道中的声望更加卓著。20世纪90年代，在乾元观旧地曾出土了一块"全真宗祠"石匾。众所周知，中国古代的宗祠，一般是供奉祖先神位和举行祭祖活动的神圣场所，同时也是宗族内一系列重大活动的举办场所。而明清之际江苏一带的全真道宫观中，也只有茅山乾元观具有成为"道教宗祠"的资格和地位。王常月祖师在茅山的传道，使江南全真道徒进一步将乾元观视为共同祭奉道祖仙真的"宗祠"。于是，至康熙年间，乾元观便有了"全真宗祠"的称号，并被勒名立匾。至今，这块肃穆凝重的"全真宗祠"石匾，仍然保存在乾元古观里，诉说着那昔日的辉煌。

重修山志　潜研书画

在与王常月祖师盘桓的这段日子里，笪先生出于对道门事业的一腔真诚，萌发了为茅山重修山志的愿望。他深知庙宇宫观总有倾废之时，而道门史志却可以流传千载。在此之前，已经有元代刘大彬编纂的《茅山志》，对元以前茅山道教尤其是上清派的历史文化记载甚详。而自明代以来，茅山道教不断发展，如闫希言祖师来此兴复乾元观全真道，原有的上清宗派也有别开生面的发展……这些丰富的内容，都需要新的《茅山志》来进行记载和纂修。笪先生生在茅山，长在茅山，隐在茅山，关于这座神奇大山的点点滴滴，他都是了若指掌的。况且身为道教徒，这次的编志，更是为道门高真神仙树碑立传的不朽伟业。于是，虔诚的宗教信仰，使笪先生得以克服种种困难，至康熙八年（1669），终于独立完成了三十余万字的新《茅山志》。

这部凝结了笪先生心血的《茅山志》共有十四卷。此志不仅记述了道教上清派发展演变的主要历程，各位上清宗师的仙迹以及上清派典籍要录，还为乾元观的全真道祖师添列了传记。此外，历代文人雅士题记茅山福地的诗赋华章，以及茅山诸多的历史古迹与自然景观，也都在这部山志中有所记载。可以说，笪先生新修的《茅山志》起到了保存茅山道教文献史料，尤其是明清道门史料的重要作用。这对于茅山道脉的接续，对于后人了解先辈祖师的真实情况，具有不可估量的价值。仅此一项，就足以使"笪蟾光"的名字在茅山道教史上永垂不朽了。

当然笪先生不仅是学问精深的高道，还是天资卓绝的才子。罢官回归故里以来，他也从未停止过对纯洁艺术世界的追求。作为江上才子，风流倜傥的笪先生，堪称是明末清初艺术史上光彩夺目的一笔。

书法，是笪先生艺术领域里成就最高的，也是他灵魂的写照。清代茅山的许多道观，尚保存有笪先生的一些珍贵墨宝。后经战乱兵火，多损失而不知去向。现在仅存笪蟾光所撰并书《茅山九霄宫天炉铭碑》一通，珍藏于茅山大茅峰顶的九霄万福宫内。碑文及铭文，均为笪先生于清康熙年间所撰，全系草书，字体苍劲洒脱，龙飞凤舞，令人心驰神往。乾隆年间的书法大家王文治曾称赞笪先生："小楷法度尤严，纯以唐法运魏晋超妙之致……气之舒展在撇捺……"的确，真隐的情操就如行云流水般，隐藏在起承转合的笔墨之间。

此时的书坛，正值董其昌书法盛行。笪重光依着自己的本心行事，不想随潮流摆布。他学习董书，却能超逸出董书风气。从章草到苏米，他都努力深刻领悟其字里行间的要旨与含义，深究大师们的笔法渊源，排遣着自己心中的郁结，抒发着对道德世界的无限期待。他的书法中，每一个回锋，每一处笔迹，都在漫漫诉说着他对"道法自然"的精诚心意。

一日，笪重光正在练习魏晋书法，走笔游龙间，情至深处，不禁吟诗："野水桥边旧业存，数间茅屋向乾坤。太平一半深山得，何必承明始是恩。"

这种洒脱不羁，归隐山林的心性深深浸入他的书法中，使游丝袅空、飘然凌云、披露天真、萧然自得的情态意志隐隐若现。后人王文治评其书"无纤毫尘滓气也"，实是恰到好处。

顺治十七年（1660）间的一个清晨，笪先生约了几位友人共赴松间溪畔，闲话心得，体悟论道。这种聚会已有多次，然而此次非凡。聊至会心处，笪先生感觉自己仿佛畅游于太虚幻境之中，遨游于九霄云上，行走于天

◎ 董其昌

地之外，陶醉于属于自己的神妙道境。借着这种超拔的心理感情体验，笪先生灵感迸发，挥挥洒洒而成一部传世画作——《松溪清话图》，一时名动江南画坛。

"聚林屋于盈寸之间，招峰峦于千里之外。……无猿鹤而恍闻其声，有湍濑而莫睹其迹。近睇钩皴潦草，无从摹拓；远览形容生动，堪使留连。浓淡叠交而层层相映，繁简互错而转转相形。"如此的品评佳句，越过了松子阁的黛瓦飞椽，盘旋在松枝虬龙间，回响在历史的上空，传达了千年的文韵。笪先生依旧在沉思着，面对着手中自己的画作，他越来越感到艺术表达的终极就是对"道"的无上体悟与追求："回想往昔庄生化蝶的时代，如果我这一介道人能生于彼时，如果我能亲自与至人、圣人、真人攀谈，那该是怎样的一种感动！"

这是康熙九年（1670）初秋的早晨，惠风和畅，水面波光粼粼，秋意的肃杀潜藏在林间水畔。然而，晨曦中的读易堂却被镀上了一层别样的魅

色，安静而祥和。这恰如笪先生清宁的心境，不会因为金秋将至而委屈自己。生命更高的追求在天，而不在人间，更不会在执政者的钩心斗角、权谋利弊间。

"一切尽虚化啊！"一披素衣的笪先生凝眸望天……

"梆梆梆！"清脆的敲门声在这安宁的小院里显得格外清晰。笪先生拉回思绪，起身向大门走去。山水画名家王翚已在门外。

"原来是石谷弟，所为何事？"两位老朋友同步入于屋内，坐定。

"时际升平，海内丰稔。自顺治十三年一别后，我与蟾光兄久未谋面，想来放归之局已是如此，兄何不优游风雅，高怀逸兴？"

"多谢仁兄在我入京途中相送。往事依稀啊，奈何我耿耿心意竟沦落这步田地。本想衷心为朝廷做事，反倒被人追杀。如今能安分于此茅山道境，我已无他求，只求超然于物外，忘我于花间……"

"至上情操，可以在艺术中寻求表达。蟾光兄如有此意，今日何不莅临蔽舍？愚弟近年遍观临摹了大量名家名画，并游遍大江南北。有些许心得，想与蟾光兄交流，藉以精进。"

"如此，可矣！"

"兄可曾听说恽南田？愚弟与他结交甚好，他早年向伯父恽向（明末山水画家）学画山水，年幼时就很聪慧，曾八岁咏莲花成句，诗书画皆能，是少有的全才。吾三人吟诵于月下水榭间，可否？"

"感谢石谷弟盛情邀请。我们即刻动身！"

笪先生与王石谷走至虞山的石谷书斋，一人已在等候。背影瘦削孤傲，气度不凡。此人即恽南田，近年间同其父前往杭州，以杭州为中心在江浙一带游历作画，凝聚了一身的江南水乡气，创作了大量的山水画作。近日有感于心得，前来找好友攀谈创作，寻求更高的艺术之道，孰料今日竟会遇到一生的知己好友。

"南田兄，我们可以小憩桂花树下，石矶边痛饮畅聊。此乃笪蟾光兄！"

"久仰久仰！"

这一夜，滴漏清灵，记录着时间的脚步；这一夜，柳枝拂动，轻摇着三人无边的思绪;这一夜,月色依稀,朦胧着笪先生求道的心灵。归去之后,笪先生突然领悟到,与朋友相约园林,进而探究艺术之道,安放自己余生的灵魂,这让他极有归宿感。

恽南田独到的艺术见解与绘画技巧,笪先生丰厚的诗书才气与理论功底,以及王石谷高超的绘画功底和独特的感悟能力,形成了一个互补的三角。这种三角模式使他们三人互相钦佩倾赏,并延展在各自的艺术领域,达至新境界。后人王文治在《笪、王、恽三家合册》道:"书画家妙境虽自天成,而山水朋友所助不少。国朝笪江上之书,恽南田之画皆臻第一流。石谷每遇此二人,其画格遂尔超妙,江上之画,特书之绪余,而一对恽、王,更入作家轨辙。此朋友之益也,是册三家迭相酬唱,皆极得意之笔,使三公再为之便不能到,何况余子!洵人间之至宝也。"

两年后的八月(1672),笪蟾光、恽南田与王石谷下榻毗陵杨晋的"近园"。此园旷奥相宜,山水相彰,植物多情态:长条故惹行客,似牵衣待话,别情无极……此时的笪先生神情温和、面目舒展、嘴角微扬,透露着仙风气骨。偌大的堂门正对水荷清风,莲花依旧挂着露珠,亭亭玉立,微风吹来,点头致意……几位朋友也是神采奕奕,众位来这儿的目的只有一个:品评书画。

笪先生携《鹤林烟雨图》《名山访胜图》二图,请王翚重加点染。恽南田与王石谷将画作徐徐展开,笪先生若有所悟:

"山川气象,以浑为宗,林峦交割,以清为法!"

"妙哉!妙哉!蟾光兄出语不凡!"

笪先生笑道:"想来,学山樵(王蒙)之用花青,每多龌龊;仿一峰(黄公望)之喜浅绛,亦涉扶同。丹青竞胜,反失山水之真容;笔墨贪奇,多造林壑之恶境。真不若两位贤弟胸中所述心意……"

"画工有其形而气韵不生,士夫得其意而位置不稳。前辈脱作家习,得意忘象;时流托士夫气,藏拙欺人。所以今人只知临摹,却不想尽力探求本源;笔墨之法虽然可以学习名家,却不能形成自家风格。"王石谷接道。

"的确,正可谓'临写工多,本资难化;笔墨悟后,格制难成'。"笪先生言道。

恽寿平看着王石谷的画说"山本静,水流则动。石本顽,树活则灵。浓淡相宜,阴阳互补,这才是画作之道……"

笪先生云:"性灵在画中确实应该重视,空境本就难以描摹,实景清而空景现;神气之笔不能学来,真境逼而神境生。位置相戾,有画处多属赘疣;虚实相生,无画处皆成妙境。"

王石谷:"蟾光兄说的是意境营造方面,真境、神境、妙境理义趋之。"

……

珠玑之语过后,三人泛舟毗陵之水,低吟高唱,挥毫泼墨,就在这自由的氛围间,灵感时时迸发,三人莫不尽兴。这次的志趣相约持续了四十多天,连床夜话讨论今昔,直到主人要到澄江去,才各自散去。

王石谷作《毗陵秋兴图》以示怀念。之后与笪先生二人泛舟江上,看到了满目的秋色,枫树红叶似火,点染了整片山坡,王石谷随性而发:"这才是真正的画笔呀,值得用心去欣赏……"笪先生同样感悟到了大自然四时变幻的神奇,生命之无常,便对王石谷说:"化工神妙当与争奇,先生快将它画下来罢!"王石谷欣然应允,提笔即画,几日后图成之时,寒飙振林,落叶飘丽,仿佛造物者不懂怜惜,秋毕就将一切收摄。整观此图,色态如昨。如此笪先生竟安心了:它让时间停滞在彼时,让空间凝固在彼时,却让空灵萦绕在心间。这才是光阴不能改变,霜雪不能消噬的珍品啊!

恽南田听后感到惊奇,就着篷窗展开了这幅画卷,欣赏片刻后称赏叫绝。他微笑摸着王石谷的背,对笪先生说:"两公留滞河湄,为艺苑增了不朽的盛事,难道就没有篇章来记录这次游赏之旅吗?"随即提笔就作,疏狂于纸间。

如此的高朋交游,熏染出了笪先生独到的品评标准。他以实践理性的感悟写下了《书筏》《画筌》二部艺术名著。《画筌》分十篇,即:论山,论水,论树石,论点缀,论时景,论钩皴染点,论用笔用墨,论设色及杂论,总论。《书筏》计文二十八则,综论笔法、墨法、布白、风韵等几个方面。此二部论著,贯穿其间的,是通过书画的品评而通晓道家哲理真谛:

"山川之气本静，笔躁动则静气不生；林泉之姿本幽，墨粗疏则幽姿顿减。"

"乃知惨淡经营，似有似无，本于意中融变；即令朱黄杂沓，或工或诞，多于象外追维。千笔万笔易，当知一笔之难；一点两点工，终防多点之拙。"

"山虚实之以烟霭，山虚实之以亭台。"

"宜浓而反淡则神不全，宜淡而反浓则韵不足。"

无疑，笪先生已得道家美学真髓，以"道"为其论著的首要感悟原则，强调书画创作在"道"的世界里所表达的意味。他将黑白、阴阳、虚实、清浑、顺逆、起落、伸屈、呼应、转折等一系列对立的范畴，与书画的笔法相互渗透、相互融合、相互彰显，让观赏者看到象外之书、象外之画，乃至达到象外之境。笪先生以一颗受辱不屈的心行事述言，他的艺术理念活跃在有形与无形、有限与无限之间。而旋转这两仪的极大动力，正是他毕生皈依的"大道"。

郁岗峰，依旧云雾缭绕。然而，晚年笪蟾光先生的心中之雾，早已散尽。他周身散发着盈盈仙气，缕缕光芒拂照在修竹青松上。眼望乾元观秀色，笪先生在身旁的画轴上缓缓写着：

"远山经雨后，庭树得秋初。丙戌春日，江上，笪蟾光。"

变世忧隐：康有为

长住乾元　敬重童孝

中国的士，尤其是心怀天下而有思想的士，他们的脐带终究是连接在这块历经沧桑的土地上的。19世纪末到20世纪中叶的中国，备受外族欺凌，同时也有各种新旧思潮不断碰撞，诚可谓"变世"。一系列的内忧外患，使这些先天下之忧而忧的士，纷纷走到了时代的前列，使历史呈现出波澜壮阔的画卷。

1917年，戊戌变法已过去近20年。大清帝国与康有为已如梦一样渐行渐远。1911年辛亥革命后，共和的思想在中国已是根深蒂固。一心想称帝的袁世凯死了，妄想复辟的张勋也灰头土脸地退出了历史的舞台。但号称"南海圣人"的康有为，依旧怀着热情去追求他的大同之梦。他只身逃往法国，自称持有皇帝的衣带诏，组织保皇会，鼓吹开明专制，反对革命，推行他的渐进式民主，公开表明能"破吾论文一篇者，酬以千圆"。为获得国际支持，康有为游历列国，会见欧洲各国君主。辛亥革命后，他于1913年回国，主编《不忍》杂志，宣扬尊孔复辟，谋划清废帝溥仪复位。当然，他的政治理念和学说遭到了举国一致的批评。

就在复辟失败的那一年，康有为驴蹄橐橐，形单影只，茕茕独行，从上海来到了茅山地区。1882年，康氏乡试南归，曾有宁、镇、扬之游，初上茅山访道。弹指一挥间，他也已从意气风发的青年到了垂暮之年。国士的梦结束了，但名士之风尚在。他在这个偏僻的小山村受到了空前的欢迎。

清幽的茅山，千年来道韵不断，无数修道之人在这里寻找人生的真谛和归宿。这里更吸引他的，是没有像世俗一

◎ 康有为

样，人心多变，把一个变法的巨人视为一个反动的跳梁小丑。这片乐土民风依旧，道风依旧。此时他想要给自己和自己的家族找一个真正的归属地了。北平、上海，他想也没有想过。广东南海老家，他想过，但是他无法摆脱自己的心结。少小离家老大回，乡音无改鬓毛衰。家乡本是容纳出游之人的归属地，但是影响康有为心结更多的还是他自小深研的儒学。他认为，南海要的是一个巨人，而不是一个无足轻重的现实的侏儒。

他在茅山寄情山水，足迹走遍了大小山川，道观寺庙。他在金坛西阳一带住下，结识了油榨头村的徐风藻、徐风德兄弟。与此同时，也在规划他的迁葬计划。几十年如一日在外，他觉得要为家人，特别是他尊重的母亲劳莲枝、牺牲的胞弟康广仁，当然还有他钟爱的三姨太何旃理，给这些逝者一个交代。

康有为初到金坛西阳，茅山道院的道长即专程登门拜访，请他在茅山道院给道士讲授《道德经》。他偷闲钻研道教经典《道藏》等，他还曾给茅山印宫留有"众妙"两字，在华阳洞边的苍石斋留下"山中宰相陶弘景，海外逃臣康有为"，同时给茅山顶宫的六房道院每房写对联一副。其中二房、五房的对联分别是"龙虎排云出，玉清炼丹来（此联有说是写给乾元观的）""但见花开落，不闻人是非"。位于郁岗峰下的乾元观，更是康有为长居之所。乾元观不是香火庙，而是隐士隐于山林的最佳之所。这里的道众以出租田产，自己劳作采茶、种地为生，历代无数高道大德曾留足于此。特别是山中宰相陶弘景，曾长时间隐居于观内，观内建有松风阁、宰相堂，这当然也吸引了康有为。寂寞无主、渴望山林的心，翘首以盼、等待皇命和新任务，是中国隐士永远不变的纠结。

吸引康有为的可能还有当时的乾元观当家师傅杨童孝。杨童孝生卒年不详。清末受戒于北京白云观，考戒时为"地字第二号"。琴棋书画，无所不精。民国初年任乾元观住持，闫祖第二十一世徒孙。他曾兼任句容城葛仙庵当家，慈俭为用，待人如己。他在当地影响很大，当时在茅山地区，常有官匪滋扰，做一个当家人是需要很强的能力的。昔金坛界内洪门山附近有几十庙地，属印宫掌管。因其树上曾吊死人，而旧时又有"荒地死人

江南真隐乾元观

找地主"之规矩，故印宫道长不敢承认土地是他们的，推说是乾元观的。他们知晓杨住持才学高深，远近闻名，县官也对他敬重有加。杨童孝遂承认土地为乾元观所有，并负责安葬，了结了此事。这样，原属印宫的这块土地就变成乾元观的了。康有为对这位当家师父也是敬重不已，并惺惺相惜。

在长住乾元观松风阁期间，康有为已将他家族部分遗骨停柩于乾元观祠堂内。松风阁外有一棵巨大的玉兰花，相传是南北朝时陶弘景所植，为古金边广玉兰，叶茂冠大，花开灿烂，香气袭人。康有为在经营他的述农公司、接待来客，兼为亲人守灵、读书写字时，此花给他带来无穷乐趣。某日康有为一时性起，手书"辛夷馆"三字，同时请来道长杨童孝，建议将松风阁更名为"辛夷馆"。杨童孝捻须相望窗外高耸之广玉兰，略有所思。松风阁称谓，相传因陶弘景喜闻风吹松林之声而得名。康有为见杨不置可否，急忙解释说："道长乃仙人，自然晓得，毋庸南海置喙，广玉兰之花心为辛夷，乃中药药材，可祛风，通窍，泄肺降逆，利气破壅。治头痛，鼻渊，鼻塞不通，齿痛。这乾元观真隐之

◎ 陶弘景宗师

126

所，每日修道、读经，于人生不正是利气破壅？昔日陶公在此听松，今天松多不复存，道观内外除茂竹绵延，只此一树仍在演绎陶公风姿，易名更可显山中宰相之盛名。"杨童孝眼看南海先生，颔首称是说道："先生大才，所思不俗，若先生长隐于此，必将改之。"两人相视一笑。

择地葬母　置业茅山

1918年开始康有为将被害亲人的遗骸先由广东南海船运辗转运至金坛，到清培河边。20世纪80年代末，金坛西阳的很多老人都能回忆起当年，康指挥手下从清培河上吹吹打打抬运棺椁等物的情景。康家被害遗骸被依礼移入乾元观祠堂待葬，康在乾元观守灵近三年。康有为相信风水，在他私人书信中可以看到，他常与解堪舆者交往，同游，四处寻找风水好的地方。1919年11月2日，他在信中写道："……即日有江西解堪舆者约定同游，不能改期。"从他给梁随觉、康有铭的书信可以看出，他在四处寻找中意的安葬之所，有的非常满意，也有的不甚中意。

"……而年月游山，地学日明，更有佳地，惜弟不能来一观……（1918.9.22与康有铭书）""……然今茅山之地，仍今年五月所得……走数里之尽结龙，既无疑矣……我生数十年，然得只此一地。既无所疑，故不待请人覆看，而可行大事也……弟如亲爱，可来一看，且弟亦宜来送葬也。……（1919.10.8与康有铭书）""连日探土皆未得""今日所探深尽余，再有白玉璞一层，共见三层……"

他在茅山前后选了好多处都不满意。最后，在句容县二茅峰前青龙山之阳挖出了一个大土球，他认为这里是块"龙吸珠"宝地，于是决定在这里为母亲建造坟墓。1920年康将其母灵柩运上坟山，沿路铺上白米，使抬杠的人脚踏米铺小路稳步上山，灵柩过后再扫米煮成汁伴石灰灌浆嵌缝，墓上还用三合土封顶，呈圆形，墓造得很高大，四面都用大石块砌起来，非常坚固。安葬时棺椁用四条铁链悬棺吊起，四面不靠。墓前立有白矾石墓碑，石质洁白如玉，碑文由康有为亲自撰稿书写。

据操礼敬回忆，康母安葬之日，康有为举办了多日祈祷活动，乾元观道士还特地做了几天道场。地方官商多有礼仪往来，有的送挽联，有的送金银、米谷、田契等。时任江苏督军的军阀齐燮元曾送赠5000圆，丹阳县长送赠100圆，被康拒收。而真正刺痛康自尊心的，是句容县长在葬礼过后送来50圆补贺。康自掏两圆大洋遣送来使，并带话给县长：康某虽是戴罪之人（参加复辟曾被通缉，1918年北洋政府除张勋外对参与复辟的人全部予以特赦），饭还有的吃，在下不少这50圆大洋。中国的士，其实极为敏感，神经有时相当的脆弱，虽然他们一次次地说以韩信受胯下辱来勉励自己，以孟子的"苦其心志，饿其体肤，劳其筋骨"自勉，但一旦从天堂落入平凡世界，他们几乎无一例外地崩溃。不知这位被称为圣人的南海先生当时如何作想，后人可能更应该从好的方面去作揣测。复辟失败后，北京政局乱象环生，混战不止，康在给他得意弟子梁启超的书信中这样表达自己的看法：以为假共和祸患无已期，何如真立宪民命可长保？……生真为共和，余无可言矣。

康有为对这块墓地极为满意，才有信中所提"我生数十年，然得只此一地"之语。他在《显妣劳太夫人葬茅山积金峰下青龙山》中写道："茅山郁郁，实翼金陵，秀发飞扬，蹈集仙灵，积金作屏，狮峰献英，遂吐青龙，地荫汇荣。嗟吁择藏，八年来成，奔走彷徨，今乃获营。"他在《显妣劳太夫人告窆文》写道："今选佳壤，迁此新阡，元祚美丰。茅山尊穹，列仙居其中。"

康有为为母亲迁葬后，他还把其三姨太何旃理安葬在茅山东麓西阳境内，把其胞弟康广仁安葬在茅山之西的孚山（浮山）北麓。他在1922年9月1日的《祭亡室张夫人文》中写道："康有为葬亡室张夫人于金坛茅山之阴，西旸镇元祚头村之原……近事先姑于积金兮，远访小叔于孚山之陌……"先姑指母亲劳莲枝，这个小叔即康广仁。

1922年康有为的原配张妙华（张云珠，字妙华）去世，康有为将其葬于西阳（即西旸）油榨头村。康对这位原配感情颇深，他在祭文中深情地

回忆起张夫人在他被清政府通缉后，如何携家带口地流亡于港澳，奉慈姑抚弱女而集百忧。

　　1917年康有为来到茅山，受到地方乡绅的热烈欢迎，结识了徐阳谷、徐凤藻、徐凤德兄弟等人。康有为在茅山走遍了大小道观、古村旧宅，以及周边老镇，几乎每年夏天都要来茅山度夏。清末民初，道教衰微，但乾元观一带因不是香火庙，隐士常蛰居山林，修道养生，读书写字，乾元观又因离清培河近，水路较发达，因而人气反逐日显盛。每年夏天，周边县市的大户人家内眷都要到山里憩夏，习气颇有古风。地方绅士非常希望康能长留茅山，知道康到任何地方都有买地置业的习惯，于是纷纷劝说康在茅山置业。一者可长隐山林，二者可常思劳太夫人慈容。当然地方绅士多是文人，中国的文人，深谙中国官场之道。康氏当时是"孔教总会"首长，被称为圣人，执牛耳者。康圣人在门前，势必光耀并造福桑梓，利于子孙后代。康在地方乡绅的心目中，也是在光绪帝面前走得近、说得上话的腕儿。虽然大清朝已入棺多年，但康余威尚在，跟时下政治上大腕是可以平起平坐，坐而论道的。不管是在大总统还是在地方督办面前，他都是有点老面子的。不管是谁家，只要康有为来了，都要敬他一壶好茶，奉上一樽美酒，走了还得开张数额不小的支票。中国的政治几千年变不了人治二字，所以他们积极地献计献策，筹备银子土地，或献或购，康有为的述农公司（地方上喜欢叫康公司）也就众星捧月般地开张起来。鞭炮放了估计不少，名流道敬，写字留念自然是少不了，估计还请人剪了彩，酒席自然也不能少。

　　康有为自1918年开始在茅山陆续购地，当然也有地方馈赠。康在1918年4月25日的《与藻亭侍讲笺》中写道："顷在茅山，有吴家仪送来山地，甚感之，其人少年，曾读经七年，而当兵目又号房。顷赋闲求食，侍公爱，敢此冒渎，望推荐于南京兵营中，至感，即请大安，有为顿首。"从他的信中可以看出，吴家给他送来了土地，他推荐吴家公子入伍、进军校，顺着就把情还了。无论是当时的江苏督办李纯还是后来的督办齐燮元，都跟康常有书信往来。办这点事，应该不在话下。何况彼时当兵也是个苦差事，军阀混战，即使保住脑袋回来，也没有安置费，也不安排工作。

经营述农　一无所获

　　1918年，康有为在油榨头村东头一块平旷的斜坡上开挖了附近的水田，并以其田土加山石，在坡上垒成一座小山丘。丘顶盖起两座小平房，一为客室，一为康的卧房兼书房。由上而下用砖石筑成石级栈道，直通下面平地上的一座南北向的院落，这里就是"述农公司"。之所以叫述农公司，是因为康祖父号"述之"，父亲号"少农"。他各取一字而成名。康有为在公司土地边界上亲书"康界"做成石碑以标之。他从南海和上海带来七八个管理与杂役，又在当地招进十九个山民。述农公司曾种过茶叶。

　　就在康有为计划开办述农公司的1917年，离他不远的茅麓一个茶场正在出现，主人叫纪振纲。纪振纲（1887—1946）男，汉族，湖北英山人。纪振纲1905年考取南京讲武学堂学习军事，毕业后编入湖北新军，参加辛亥革命。1913年因参加讨袁被通缉，去南洋、新加坡等地经商。1917年回国，在金坛县茅山东麓购地15000余亩，雇工百余人，开荒种茶、植树，创办茅麓农林场，经营了20多年。一个是共和坚定的支持者，后来还支持过共产党；一个是立宪派的首领，再次出山后，坚定地反对苏俄，反对共产主义，同年在近在咫尺之地开办农场，历史在茅山之东仿佛开了个玩笑。他们有交流吗？一定没有。康在茅山期间和冯煦等许多金坛及周边县市名流都有过书信交往，唯独没有发现和纪振纲有任何来往。如果康老夫子虚下心来向小他20余岁的后辈学习如何务农，或许他的述农公司今天能造福地方。

　　述农公司还种过各种花和树，饲过猪，养过鸡，但都没有什么建树。他引进过广东的菊花，各地的花木，特别是他曾引进巴西的一些植物到农场栽种。可惜康南海是学问、书法大家，对于农事并不精通，花了很多钱和精力移植过来的树，因水土不服，都未能成活。他经营述农公司其实是费了不少心，也花了不少钱。他在1921年6月17日与梁随觉的信中大发

牢骚："令悦养鸡猪，半年谆谆，至今一鸡一猪皆无。令之绘图、种界，而一图一界未办。熠甚攻之，真令人惊。此人除丈量外无可用。楠督工三月，而一切如故，皆令人无可信用者。"他在1919年8月11日与梁随觉信中写道："将近八月（旧时都以农历算），所拟买除虫菊，不能迟。否则今年茅山又白费数千矣。速寄百圆或二百圆往定海仙乐园买之。黄金树不可不办。"可以看得出康南海玩字、玩文、玩政治、炒地皮都能玩得顺溜，但农业是个外行，干得很累，也没成绩，而且内部意见还不统一。

述农公司耗去了康南海不少心力。随着他走出茅山，重返政治舞台，就渐渐鼓不起务农的劲头来了。1925年他已渐渐走出茅山，述农公司的事问得很少。1925年5月29日他在给梁随觉的信中写道："茅山请款甚急，亦不能不酌与些。"之后他把土地租给当地人耕种，每年收取租金。自此在他的信件中再未提及过茅山及述农公司的事，估计述农公司已不再经营。康有为去世后，各房夫人和子女轮流到茅山向佃农收取地租以补生计。1937年梁随觉来收租还住在西阳凌德林家。有一年轮到张光（六夫人），张女康静谷跟母亲一起去，那年正值旱灾，一向善良的张光架不住骨瘦如柴的灾民的苦苦哀求，没有收到一分钱，连回家的路费都没有了，还因付不出旅店的住宿费被扣在了柴房。那时那里有很多卖小孩的，因为没有钱回家，康静谷就对母亲说，你在我头上插根稻草把我卖了，你拿了钱回家然后再跟舅舅来赎我好了。哪知道康静谷刚刚说完就看到张光泪如雨下，母女俩在柴房抱头痛哭。这一哭惊动了一个住店的客人，她叫丁曼云，刚从日本回国，当她得知她们是康有为的家人后，替她们还了欠债，并亲自把她们送回了上海汾阳别墅。康先生在西阳奋斗多年，可能真是想了夫人的心愿，或者说他真有长隐茅山之计划。然正如西圣所言"行路的人脚步由不得自己"，最终康有为还是远赴他乡，1927客死山东青岛，葬崂山。他的亲人葬在江东福地、道教名山的茅山地区，他自己也葬于道教圣地崂山——冥冥之中或有定数。

康南海一生功过是非，褒贬不一，难有定论。爱之者吹上天际，宛如凤凰；厌之者脚踏于地，还要唾之，比作乌鸦。但他与茅山乾元观的这一段渊源，也不失为江南真隐历史上的生趣之笔。

忠义烈隐：惠心白

倡善重德　律己宽人

民国时期，茅山乾元观出了一位全真道人惠心白（1879—1938），其籍贯不详，或传为句容人，或言来自无锡惠氏。他自幼出家乾元观，成为全真教龙门派道士，为复字岔脉闫祖派第二十二代传人。他内修"真功"，外显"真行"，在乾元观弘扬全真教的历史上留下了光辉的身影。令人悲痛的是，1938年他在乾元观被害于侵华日寇屠刀之下。岁月悠悠，人世茫茫，惠道长之具体生平事迹，隐约难睹，却也教益后人良多。

进入明代后，全真道受到统治者的压制，一度衰微，到明中期因明世宗对道教的尊崇，全真道才随之慢慢复兴。正是在这样的背景下，龙门派高道闫希言祖师南下乾元观，最早将全真教传入茅山，且创立全真教闫祖派，自此乾元观成为江南全真道的主要道场。在历代闫祖派宗师的艰辛经营下，乾元观保持着隐居的遗风，也继承了全真度人的宗旨。

修行的道人信守古来圣人的教导：大道是至简、至易的，《易经·系辞》上说："一阴一阳之谓道……百姓日用而不知。"故祖师常说要养一颗平常心，道在平常日用间，修行亦在平常日用间。道人高明的修为皆是因为脚踏实地的平常功夫，这平常功夫就在待人处事之际，就显示在日常的言行上，体现在生死存亡之际。

◎ 闫祖墓

惠心白道长，无疑用生命实践了这样的教义。

惠道长约生于1879年的晚清光绪年间，幼年即出家乾元观，故1912年民国初立时惠道长约33岁，在乾元观已出家修行了20多年。其师杨童孝，清末受戒于北京白云观，琴棋书画无所不通，于民国初年任乾元观住持，乃闫祖第二十一世徒孙。惠道长接任乾元观住持之职，在1920年前后。他执掌乾元观时留下的语录极少，流传下来的零星教言极其平易近人。如他常说："如今正是国家多难之秋，有粗茶淡饭度日即可，莫存贪心，安分守己。"在那动荡不安、人心惶惶的年代，惠道长不但自己潜心修行，还能从容不迫地带着一群弟子安心办道，这是极有修为的表现。

平时惠道长为弟子开示修行法要时常说："只有慈善才能修成神仙。"像这样的话平常得不能再平常。好奇尚异、喜欢神秘者以为道长之境界不过如此，实则错矣，犹真人在前，却当面错过。历史上全真祖师们会通三教，指示修道之语，时常寓高明于平淡，深入于玄理而浅出以常情，用平淡无奇之句随机点拨后学，从重阳祖师、邱祖、闫祖，直到惠心白道长皆是如此。如这句"只有慈善才能修成神仙"的深意在于重视德行、指向心性，这样的理趣近取自闫祖，远发于丘真人。

明代王世贞所撰《闫道人希言传》里说：或有慕道者向他请教延年之法、成仙之术，闫道人皆不作回答，只是劝人多积阴德，多布施，不要邪淫，不要杀生，不要忧心，不要发怒，不要思虑过多而已。（"叩之以延年冲举之术亦不应。惟劝人行阴骘，广施予，勿淫、勿杀、勿忧、勿恚、勿多思而已。"）而丘处机对成吉思汗传道的记录汇集为《玄风庆会录》，其中就有"但能积善行道，胡患不能为仙乎"之句。由此可知，惠道长平常的教化皆是全真教龙门派的精义，在给弟子们传授修行法要时一如祖师之风格，于德行处下手，直指心性，充满玄机，岂能只作寻常看呢？

惠道长出家后严守戒律，待己极严，生活上非常简朴，对人却非常宽厚。

如遇道众有过，常以教育为重，并不轻易责罚于人。其时，有出家道士回俗家食荤，或有人揭发给惠道长，道长并非大怒而责罚，总是苦口婆心，若春风之化雨，使之自耻、自新、自律。其宽厚之胸怀，对观内道众是如此，于观外之百姓也是如此。

当时乾元观内有一百多亩田地和山林，便雇用 16 位在家之人帮助耕种。全真派之戒律，道士食不及荤，故有道士也要求雇工吃素。然惠道人总是大开方便之门，他会说：我们出家道士皈依全真教，修无上大道，吃素是本色、本分，不可作功德想；普通人未受至理，吃荤也是人之常情，不可作罪人看。再说采桑养蚕、种茶采制、种地、管山林，还有观内的木工等，都是些很费心、极吃力的苦活，对寻常之人而言，食素亦是苦事，岂能苛求人家苦上加苦，也跟着道人一起吃素呢。

或有人盗窃道观的林木和豆粮，被道士逮住了押送至惠道长处，窃者不免恐惧，而惠道长对他们并不处罚，还是动之以情、晓之以理地教育一番，让他们认错，承诺下次再也不犯便放了；或有山林承租于人，到期因故未能交租便向惠道长求情，也就免去租钱。如此一来，道观内有道士对此不服、不解，他便慈悲教诲：身外之物，生不带来，死不带去，何必可惜？况且如今世道衰微，穷苦之人居多，来偷东西亦是无奈，又是可怜，若是国泰民安，家境宽裕，谁又会做这等被人不齿之事？怎忍心再去责罚他们！若遇山民贫困无依、缺衣少食，惠道长必定想方设法给予多方帮助。这与他常讲"只有慈善才能修成神仙"可谓言行一致。

难得的是，当年惠心白道长曾如当今西方民主国家的元首一般引咎辞职。这到底出于什么原因，已无人知晓，但是他辞职之后的举动却是相当的了不起：他把住持的职位传给了他的徒侄，并悉心辅佐。一般来说，师父离职时，总会想尽办法把职位传给自己的徒弟，而惠道长视大道为公，非让位于亲而是让位于贤，此中胸襟气度非同一般。惠道长一贯的通达、仁义和自律，使得观内道众和周围的民众对他越发地尊敬。

广习众艺　文武双全

惠道长的师傅杨童孝精通琴棋书画，文化修养是非常高的，惠道长亦颇有其师的风范。然而修道人学习琴棋书画和其他世间知识的目的和态度，与世间之人相比，有相同点亦有不同处。相同处是提高个人的学识和才能，不同处在于：修道人一切学问皆为辅助修道，或为内修"真功"，或为外履"真行"。

昔年王重阳祖师之《立教十五论》第三篇"学书"，即开示修道之人应该如何阅读书籍，他说：

学书之道，不可寻文而乱目。……采得趣，则可以收之入心。久久精诚，自然心光洋溢……无所不通……若到此，则可以收养……若不穷书之本意，只欲记多念广。人前谈说，夸讶才俊，无益于修行，有伤于神气。虽多看书，与道何益。既得书意，可深藏之。

明代洪自诚在茅山完成的《菜根谭》里有一段话，是上论最佳的注脚："琴书诗画，达士以之养性灵，而庸夫徒赏其迹象；山川云物，高人以之助学识，而俗子徒玩其光华。可见事物无定品，随人识见以为高下。故读书穷理，要以识趣为先。"惠心白道长之于琴棋书画，正是得此意趣。

惠道长生于乱世而安心办道，不落平庸而糊口，怀朝气而向上，勤习道教经典，广学琴棋书画，文化底蕴相当深厚。作为乾元观的当家监院，惠道长对道教之仪范极为娴熟，对道教之斋醮音乐造诣颇高，笙、箫、管、笛、琵琶、三弦六大件，皆精湛，且有绝活。乡人皆传惠道长有雅号"惠大鼻子"，能同时口吹唢呐鼻吹笛。一手好书法，也有绝活，能双手并书对联。棋也下得好，惜书画皆无传世。孔子说："志于道，据于德，依于仁，游于艺。"惠道长正是如此之践行，其归依全真之道，涵养戒律之德，宅居仁厚之心，而游之于琴棋书画。

正因惠道长之于琴棋书画是以道为根、以德为本，故其道气常在，游于艺而不落下乘。未听到惠道长与地方文人之附庸雅事，倒听说道长每逢岁末年底，均会撰写一批大红对联分送穷苦山民。我们可以想象，其内容必定是在吉祥如意之余寓之修身养性、多行善事的道理。孔子说："君子之德风，小人之德草，草上之风必偃。"惠道长就是这样的有道君子，移风而易俗，润物细无声。可知惠道人之风雅，不只是风花雪月，而是品格高尚之雅，大道高明之雅。

本来传道是文化事业，似乎与武力不相关。但孔夫子尚有武艺高强的子路为其护法，少林寺还兼习武功练身而护寺，可知世间之坎坷，传道之艰难。

1937年抗日战争全面爆发之前，茅山地区时有凶狠的流匪与山贼出没。因此惠心白道长当年住持乾元观的处境非常艰难，并非我们现在看到的这样，可以在这风景优美的郁岗峰上隐逸修行，逍遥自在。若没有相当的道行和威望来坐镇，乾元观的道人很难安心修道。幸好惠心白道长不但具有很高的文化修养，还有一身好武艺。

惠道长身材魁梧，相貌端庄，一抹长髯，道袍一衬，既仙风道骨，又威严英武，打得一手好南拳。最让人叹服的是玩一把大石锁，每天两练，早晚各一次，马步扎在井沿上，一把石锁玩得蛟龙翻滚，虎虎生风，令观者啧啧惊奇。他两脚特别大，穿一双特大号的鞋子，在山路上走得沙沙作响，山贼大概也见识过他的厉害，闻风丧胆，不敢冒犯。而山下既有贪官，又有劣绅，没有相当的德行和威望也麻烦得很。惠道长神色庄重，一旦端坐，目不斜视，稳如泰山，见者由然而敬，绝对不敢造次。他文化素养高，凡与地方官吏、乡绅交往，有礼有节，不卑不亢。加上惠道长守戒森严，德高望重，故惠道长在茅山这一方得善人尊敬而让恶人畏惧，无人敢找他的麻烦。如此才保得乾元观道人安心修道。

支持抗日　舍身成道

正如开篇所言，修道之人两肩担道义，一心度众生，绝非消极避世，其以修行为本分，而又随缘遭缘，出世入世，皆是为世。

1937年卢沟桥事变以后，日寇大举入侵我国，全国人民开始了艰苦

卓绝的全面抗战，在那个国难当头的岁月里，陈毅司令与惠心白道长建立了深厚的抗日情谊。1938年6月，陈毅奉命率领新四军第一支队秘密挺进茅山，建立茅山抗日根据地。陈毅司令经过认真细致的调查，了解到乾元观住持惠心白道长在茅山地区是一位德高望重的道教领袖，且乾元观位居茅山东北方，地点甚为隐秘，若能得到惠道长和乾元观的鼎力相助，对于新四军在茅山地区的抗日极为有利。因时局混乱，消息不通，故惠道长与外界的接触极其谨慎，不会轻易接纳素不相识的部队。据说为此陈毅司令曾多次亲往乾元观拜访惠道长，以示诚意和增进彼此的了解。

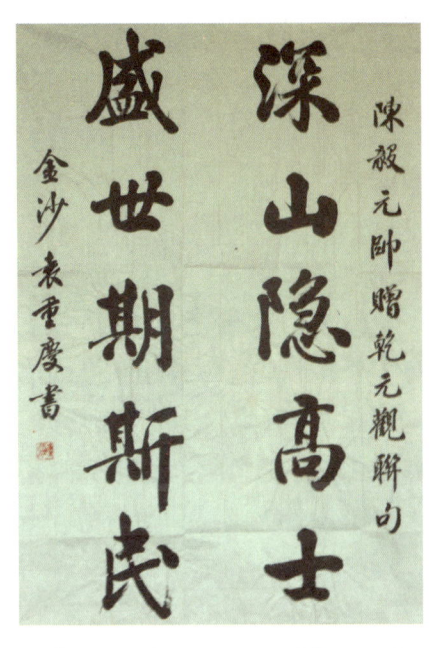

◎《陈毅撰乾元观山门联》——金沙袁重庆书

陈毅司令的高尚品行、卓越才华以及新四军的严明纪律、大力宣传，最终赢得惠道长的认可和信任，二人成为莫逆之交。

据考，陈毅司令的司令部、指挥所和政治处均秘密设在乾元观的松风阁和宰相堂内，新四军的报话机就安置在道众学习用的书房内。许多重要会议在此秘密召开，新四军第一支队培训班也在乾元观秘密举办。为了更好地联合各方力量打击日寇，陈毅司令欲联系茅麓农茶公司老板纪振纲，并希望得到他的支持。但起初陈毅不便贸然会见纪振纲，于是惠心白以自己的身份和威望亲自前往茅麓代为约见纪振纲；后又帮助新四军集合当时四县总会会长樊玉林及周围各地乡绅、进步人士在乾元观会面，作抗日战略部署。如此陈毅司令得以在乾元观不时秘密会见苏南的中上层人士，团结了更多的抗日力量。

乾元观从无到有，自秦朝到现在，其间历经了几度兴衰，元代之时最为鼎盛，拥有殿阁房舍 800 多间，后屡遭兵燹之灾，自明代闫希言祖师复兴以来，最后一次劫难被定格在 1938 年 10 月 6 日，农历八月十三。

事后才知道，就在农历八月十三的前几天，当时西阳王巷有一王姓木匠在乾元观做工，劣根大发，欲调戏在山中避难的一名妇女，刚好被惠道长撞见，严厉批评了他。谁知此人恼羞成怒，怀恨在心，于是偷偷跑到当时的日军驻地——句容天王镇，报告乾元观有新四军。幸亏陈毅司令在前一天的八月十二晚召开了一次秘密会议后，连夜带着部队转向了卫岗。

1938 年，农历八月十三上午，乾元观迎来了两位远道而来的道士。朱易经作为乾元观的小道士，照例引他们走进住持室去面见师公惠心白道长。小道士为他们沏茶，在接待中得知两位道士原来是惠道长的徒弟，都在溧水出家，是得到师父的信函，星夜起程，风尘仆仆赶来的。

那次师徒见面，气氛有些异常，惠道长神色凝重，两位徒弟眼含泪水。这一幕，小道士朱易经铭记了一辈子，事后发生的一切也留下了一个谜团。后来成为茅山道教协会会长的朱易经肯定地说，惠道长预见到自己有灭顶之劫，急招两位徒弟归山，是为了托付后事。幸运的小道士朱易经那天正好被遣往西阳集镇，为观里采购中秋节物品，故而逃过了一场生死大劫。从乾元观上西阳集镇要走 30 里的崎岖山路。当小道士下午返程归来已是日落西斜时分，但见郁岗山高大的树冠上火光冲天，一种不祥的预感攫住了小道士的心。

当小道士朱易经拼了命赶回道观，乾元观已是一片火海，火光映红了山头、树林、竹海。就近打柴的樵夫、庄房、田客陆续赶来了，因为山上没有水源，大家眼睁睁目睹这座有着两千年历史的道观化为一片焦土。慌乱中，有人惊醒了，问有没有看见惠道长他们。有打柴的说，看见日本鬼子进山了，白虎山方向还响过枪声，于是大家分头去找。傍晚前，朱易经和师父赵容海（住在积水墩管理道观田庄）终于在白虎山下找到了被日寇屠杀的惠心白道长和乾元观道士、伙夫的 13 具遗体，死者全部受的刀伤，惨不忍睹。朱会长师父赵容海为惠道长及道士们举行了度亡法事，然后师徒各奔东西。

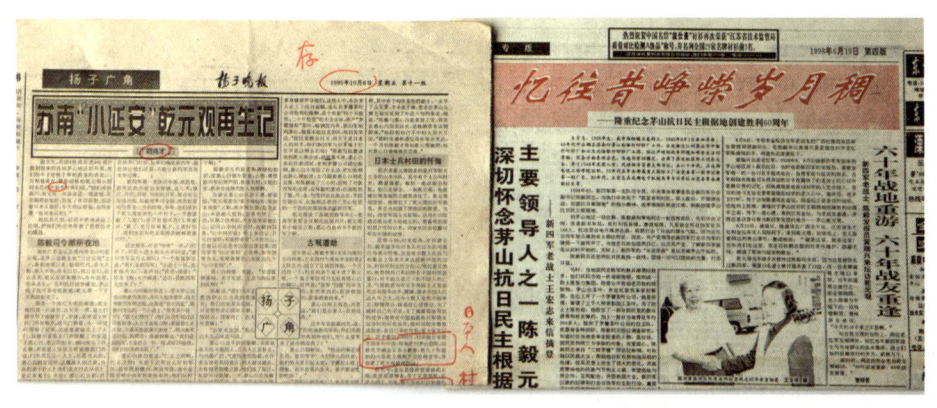

◎ 最后的浩劫

古人云：慷慨赴死易，从容就义难。让我们再次回到 1938 年 10 月 6 日。农历八月十三的下午两点，日寇在王木匠的带领下直扑乾元观。那样的场景我们都能想象，王木匠指向惠道长的手指，在惠道长犀利的眼神下就像突然抽筋缩了起来。雪亮的刺刀，黑压压的枪口，对着惠道长和其余 12 名坚强站在一边的道人和雇工，日本人急欲得到新四军的下落，如热锅上的蚂蚁团团转，可是得到的只有三个字"不知道"。惠道长立身挺拔，神色自若，仿佛在白刃临身前依然为大家作开示……著名民族英雄文天祥在就义前接受了道教思想，写过一首偈子："功名几灭性，忠孝大劳生。天下惟豪杰，神仙立地成。"当年的惠心白道长临刑前，或许也是这样的心境吧！

时光荏苒，2011 年的某一天，有常州人某某至乾元观拜访。那天尹信慧住持恰好有要事，由担任知客的鞠道长接待了他。此人见了面就直盯着鞠道长，斩钉截铁地说："道长您好，贵观现今恢复得很好，但是做了这么多土建，肯定是一件宝贝也没有挖到吧。"

这没头没脑的劈头一说，倒是让鞠道长愣住了。70 多年来一直有一个谜团：乾元观有很多历代皇室赐予的贵重物品，《乾元观天心庵碑记》有载："玺书玉章，屡朝封赐，而于郁岗山之乾元观为尤盛"，但在 1938 年日寇的那场大劫难后就消失得无影无踪，再也没有半点消息，是被日本人抢走了，还是被日本人一把火连着乾元观一起付之一炬，不得而知。今天此人此话

◎ 历史留下的最后一堵围墙

颇为蹊跷，鞠道长坦言相告：确实如此，所有土建工程中均未挖到有价值的物品。然后庄重地向他请教详情，来人便如此这般娓娓道来。

原来他的叔爷爷即他爷爷的弟弟，当年正是惠心白道长忠心耿耿的徒弟，临去世之前，对家人说了一件惊天的大秘密：1938年的某一天，惠道长秘密地对他说，他已预知自己和乾元观不久都要遭到一场致命的大劫难，郑重地委派他把道观里所有重要的宝物，全部秘密地转移到安全隐秘之处。在他完成任务回到乾元观时，灾难已经降临，观毁人亡。叔爷爷对惠道长、对师兄弟们以及观内的雇工、对乾元观，感情极深，见到如此惨状，极度悲伤，不久便生了大病，临走之前，向家人道出了这个绝密的事情。

如此重大的事情，鞠道长的心提了起来，但此人既主动说起此事，当是善意，于是鞠道长直言相问：这批宝物下落何处？来人坦诚答话：不知下落，因为叔爷爷去世前，考虑到宝物的绝对安全，即使对家人，也没有说出具体的隐藏地点。

其实，有修行的道人的确能预知将来，不过此种神通只是"术"而非"道"，为了不让世人陷于神秘而背"道"而驰，祖师们一般不会随意显示神异，即便显示了，凡人过后才能看得明白。重阳祖师有一首茶诗也透露

了证悟全真大道之后的至高境界："昔时曾见赵州来，今日卢仝七碗精，烹罢还知何处去，清风送我到蓬莱。""烹罢还知何处去"，只有像重阳真人那样明心复性、大彻大悟之人，才能知道生命真正的归处而来去自由。鉴于重阳祖师和闫祖这样的境界，或有人质问："惠道长被害于日寇之屠刀，似乎并不高明啊？"笔者当说："君不见庄子云，'知其不可奈何而安之若命，德之至也'。"

观惠心白道长的一生，戒行精严真切修行，能预知自己的大劫，预见乾元观的危机，有不凡的智慧；平常待人宽厚，存心仁义；对日寇的死亡威胁，英勇无惧，可谓智、仁、勇三德皆齐。其通于道教之仪范，精于道教之斋醮音乐，又擅长棋与书画，兼有一身好武功，更可谓文武双全。道长惠心白，实道人之高明者也，足以让后世之百姓追思，也足为后辈修道人之楷模！

或有人问，惠道长英灵现在何处呢？还是以重阳祖师和闫希言祖师的方式来作答吧：太虚即是我们之真正家乡，惠道长一灵真性何处不在呢？只要我们证悟全真，哪里又不是蓬莱呢？

重继隐风：乾元坤道

历尽艰辛　赤手兴观

三茅蜿蜒巍且雄，绵亘迤迤相流通。
真人炼真潜其中，大抵冥形林麓东。
郁葱万古青蒙蒙，白云沓霭怪石笼。
狮子幽窟隐穹窿，仙人危桥卧飞虹。
幽光断碑来神工，洗心勺水难终穷。
我忆精舍近陶公，相将追及玄洲踪。

　　时光飞逝，总如白驹过隙。三茅故地，郁岗峰下所发生的一切，都随着岁月的风吹雨打，杳然逝去。茅山乾元观，在历史的风雨中，几经兴衰，历尽磨难。

　　1938年的战火，毁灭了乾元观的形质，使之成为一片废墟，却无法毁灭这座千年古观的道气。雷接碑，再一次隐没在荒草残垣中，它仿佛一位前朝遗老，睹物疮痍而无故人可诉，只能默默地忍耐，默默地等待……直

◎ 原乾元观道祖像（1936年摄）　　◎ 原乾元观山门（1936年摄）

◎ 原乾元观大罗宝殿（1936年摄）

◎ 原乾元观围墙（1936年摄）

◎ 尹信慧住持

到1992年的夏天，它终于等来了一位带领道众励志重振玄风的坤道。自那以后短短20年间，乾元观从无到有，拔地而起，雷接碑也又一次昂然矗立于郁岗峰下。

一切，似乎都是天意；一切，又是那样自然。参访乾元观的信众游客，都会好奇：这样一座巍峨雄伟、道风淳朴的乾元观，究竟是怎样在短短20年中一步步建成的？乾元观里的坤道众，她们的身上究竟蕴含了怎样的智慧与力量？人们总会带着这样的问题询问乾元观当代住持，道教全真龙门派第二十五代传人尹信慧道长。她总是平和而又谦虚地回答，乾元观的兴复都是仰仗神灵祖师的保佑和十方善众的支持。然而，谁又能想到，20年复兴乾元观的道路，是一个充满了太多荆棘与血汗的历程……

1992年，乾元观遗址。雷接碑隐没在初秋泛黄的杂草下，尹信慧道长孤独的身影伫立在碑旁，满是对道场颓败的哀痛。"断碑复合自前朝，雨剥风吹字半消。惆怅道人无处问，满山松柏冷萧萧"，凭吊古迹也许恰如此时她的心境。然而，这位历经修行磨砺的龙门弟子，并不仅仅是空发兴亡牢骚，而是发心愿效法闫希言祖师，弘扬道教，复建乾元观。她心中始终有一个坚定的信念：只要神灵祖师在，庙宇就会重生！

告别了"文革"的荒乱岁月，20世纪80年代，朱易经道长开始主持茅山道院的工作，带领道众复建了三宫中的九霄宫（顶宫）和元符宫（印宫），重燃茅山香火。朱易经是金坛建昌人，自幼出家乾元观，乃闫祖派第二十四代传人，当年日寇烧杀乾元观时，他正好外出办事，逃过大劫，并亲手埋葬了师祖惠心白等道众。1991年，江苏省道教协会筹备组召开第一次会议，筹备组组长朱易经向金坛宗教部门的领导提起了恢复乾元观之事。一直以来，朱道长都心怀重建乾元观，再续全真法脉的宏愿。如今，时机已经成熟，但还需要恰当的人选。

这时候，一个关键人物——尹信慧（本名菊芳）出现了。她是土生土长的茅山人，1985年在杭州葛岭抱朴道院出家开始修道，拜施诚易道长为师，修太上大道，传龙门法脉，成为全真道龙门派第二十五代传人。施诚易道长七岁出家，道学出众，道风卓越，宗教政策恢复后负责恢复抱朴道院，整理道教科仪和典籍，积极培养年轻道士。拜在施诚易道长门下的尹信慧道长，贞苦坚毅，虚心求知，熟识道教科仪，在道教音乐和道家武术等方面也是出类拔萃，深得前辈们的赏识。修道不久，尹道长便被推选为杭州市道教协会常务理事、抱朴道院副当家。

尹信慧道长出家不久，还在抱朴道院的时候，便遇见了朱易经道长。朱老道长见了尹道长，知道她也是金坛人，欣然言道："你终究要回茅山修道。"听到朱易经道长的话后，尹道长不免心中生疑：现在的茅山皆为乾道，哪里容得下坤道，不然我也不必特地到杭州出家修道了。

1992年春，此时的尹道长回到茅山故里，深居简出。朱易经道长和金坛市宗教部门有关领导特地找到尹信慧道长，邀请她重建乾元观。尹道长从来不曾忘祖师之心，舍慈俭而化人之事，传承道脉也是她一直追求的事业。对于朱易经道长和金坛市领导的邀请，尹道长欣然接受。不过同时，她提出了一个条件，要将乾元观建成一个坤道院。乾元观嫡传闫祖派，闫祖亦是龙门弟子；尹道长修太上传全真龙门正宗，由尹信慧执掌乾元观顺理成章，接通了全真法脉。

1993年4月，上天下泽，春雷奋作，唤醒了沉寂半个多世纪的茅山乾元观。经常州市政府同意，金坛市政府下达了《关于恢复乾元观活动点的通知》，经时任江苏省道教协会会长朱易经道长推荐、有关部门考察后，确定邀请尹信慧道长担任乾元观住持，主持恢复工作。

乾元观"乾元"二字出自《周易·彖辞》，象征天道之始。乾卦有四德，元、亨、利、贞。元，乃乾卦四德之首，为大，为始。《周易·乾·文言》

◎ 抗战时期被日寇烧毁的乾元观,"文革"时被用作茅东林场三工区的宿舍。(摄于1984年)

说:"元者,善之长也。"1992年复建后,在尹信慧道长的要求下,乾元观更替为坤道观,专供女众道长修行。《周易·坤·象》曰:"至哉坤元,万物资生,乃顺承天。坤厚载物,德合无疆。含弘光大,品物咸亨。"别有意味的是,"乾元"二字象征"天道",复建后,尹道长率众修行于此,象征"坤道"。《系辞》云:"乾知大始,坤作成物。乾以易知,坤以简能;易则易知,简则易从;易知则有亲,易从则有功;有亲则可久,有功则可大;可久则贤人之德,可大则贤人之业。"乾元观复建为坤道院后,暗合天意,从此乾坤和合、阴阳协调,实乃大兴之兆!

当然,1990年代初期的乾元观在浩劫之后,残败不堪,只剩下几间摇摇欲坠的破瓦屋。李明真人的炼丹井仅剩下半边井圈,荆棘杂草间碎石瓦砾无数,只有两块横躺着的大石碑保存完整:一块是明末的乾元观碑

记，刻载着道观的简史，字迹尚清，"文革"时因工人在上面拌石灰，才得以免遭厄运；另一块则是雷接碑，历经雨淋日晒，字迹已不能识，也在"破四旧"中幸存下来。"始知神气贵有托，幽光脉脉精灵通"，虽然石碑上的文字已被岁月消磨殆尽，然而它们象征着乾元观不可割裂的历史和传统，延续千年的乾元观道脉决不会因历史的变迁而消逝。

　　尹道长目睹斯景，怆然之余，忽忆起数年前朱易经老道长的话语，内心洞然明了。"冥冥之中，祖师自有安排"，她知道来到乾元观、重建乾元观是今生

◎ 溯源《乾元观记》石碑（明代）

◎ 碑座——龙　　◎ 雷接碑上的化石　　◎ 雷接碑上的海洋微生物化石

的宿命，于是发心克服万难重建乾元道观，再塑三清道祖真容，带领道众重振古观。

创业之初，尹道长虽有"住持"之名，但一无经费，二无人力，创业之艰辛，非常人所能想象。她毅然拿出家中所有积蓄，卖掉住房，带着全部家当来到乾元观。这时的乾元观只有极其简陋残破的五间原林厂工人留下的穷檐漏屋，可以说是"床头屋漏无干处，雨脚如麻未断绝"，根本无法住人，尹道长只好暂住在山下的海底水库招待所。从招待所到乾元观没有公路，只有一条窄窄的山路，于是尹道长每天行走在山道上，往返于宫观和住所之间。入夜后，寂寞而蜿蜒的郁岗峰山道上，静谧中笼罩着极大的危险，山里常有豺狼、野猪等出没。几天后，尹信慧只好购买了煤炉、锅碗，住进了乾元观里的建筑工棚里，寸阴尺璧，筹备下一段请圣事宜。无论是找建筑队、设计恢复方案、买材料等，尹道长都亲力亲为。经过她和工人们一个多月的突击，在乾元观废墟上赶建出了三间办公室、两间厨

◎ 乾元观厨房（1993年修缮使用，2008年拆除）

房。在这样简陋的硬件基础上，1993年8月23日（农历七月初六），尹道长如期主持了三清祖师像迎请法会，时任省道协会长朱易经道长受邀参加，2000多名信徒也闻讯而至。回忆当时的请圣法会，尹道长至今依然记忆犹新，正是这次法会，开启了乾元观的复兴征程。

重建宫殿艰辛，但是尹道长一刻也没有忘却传承道脉、培养道教青年人才的初衷。1993年11月，第一批七名坤道众拜在尹道长门下。尹道长对这七名弟子爱护有加，特地为她们开办了培训班，邀请全国各地的高道前来讲学，如中国道教协会曾任会长黎遇航、省道教协会朱易经道长、恩师施诚易道长等。黎遇航道长是金坛西岗人，幼年丧母，随父亲黎洪春在茅山元符宫出家。1938年9月，黎洪春被日寇杀害，黎遇航背负国恨家仇，加入新四军，投身抗日运动。1957年，调往北京，在中国道协工作。1980年，黎遇航出任中国道协会长。1992年，担任中国道协顾问，一直为茅山道院的修复四方奔走。像他这样的前辈的支持，无疑对乾元观的复兴起

◎ 尹信慧住持与乾元观抗战期间幸存者闫祖派第二十四代传人朱易经道长

江南真隐乾元观

◎ 乾元观恢复成为江苏省第一座坤道院（摄于1993年）

◎ 道徒们与老道长（前排分别为：施诚易、盛理旺、吕宗柔）（摄于1993年）

◎ 原中国道教协会黎遇航会长来观指导

到了重要作用。施诚易道长是尹道长的师父，在杭州即师徒情深。当时，施诚易道长已经离开抱朴道院，前往苍南金乡镇的三官堂，教授年轻道士。1993年底，他接到爱徒的邀请后，慨然应允，以80高龄之躯孤身来到乾元观，担负

◎ 尹道长与恩师施诚易道长（摄于1988年）

起培养青年道学的重任。这些刚入门的弟子对道教知之甚少，施道长就从道教科仪的敲、打、唱、念教起，并结合自身学道证道的经历，讲述道教

◎ 乾元观斋醮科仪传承人、龙门正宗第二十四代传人施诚易道长

历史和文化，勉励徒孙们努力学习，弘道利生。自乾元观恢复后，每逢祭祀日，朱易经道长也都会亲自来观内祭拜。他与施道长年岁相仿，经历相似，因乾元观而结缘，一见遂成莫逆之交，常在一起谈经论道。2007年，朱易经道长捐资重修闫祖墓，完成了他的最后一个心愿，11月27日羽化，闫祖派正传至此中断。半月后，施诚易道长也驾鹤西去。

为了锻炼弟子们的毅力，培养道心，尹道长带领这七名年轻坤道效仿祖师，开始了艰苦的创业。她们清早即起床，从山上到山下，披荆斩棘，

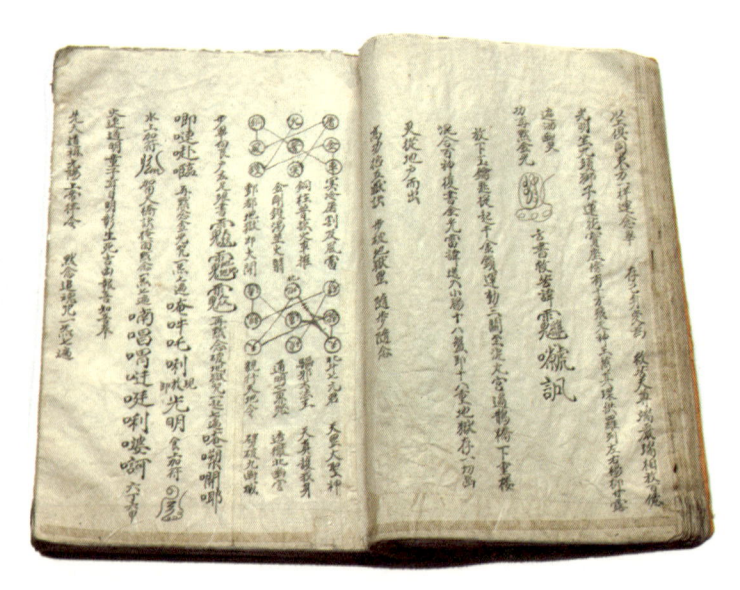

◎ 施诚易道长1993年默写的经书

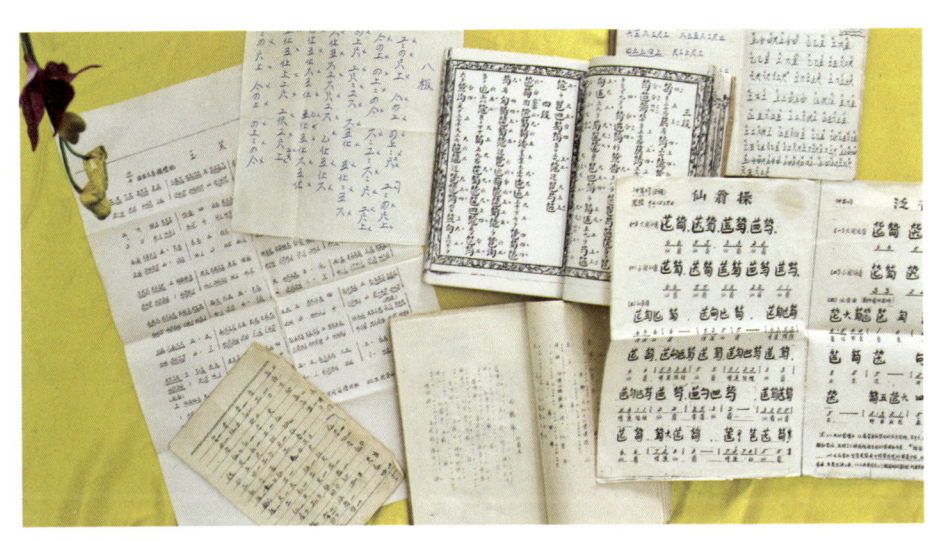

◎ 传统乐谱

抬砖拾瓦，拔草拓荒，并在山下开辟田地，种菜种粮。烧饭缺柴时，便一起上山砍柴，即便戴着手套，也常常是满手血泡。实在挑不动，就把柴火捆结实，一路推滚下来。晚上，她们不荒道业，聚在屋里，上课学习。经过多年的发展，乾元观的基础设施已经完备，生活条件有所改善，从2004年开始，坤道们就不再开荒砍柴除草了。谈及创业的种种艰辛，早期的乾元观坤道们都认为，建观之始，她们参加劳动属于丘祖所说的"打尘劳"苦修行，是由外及内；如今，一切都稳定了，就应该静下心来，多读读祖师们的

◎ 朱易经道长

江南真隐乾元观

◎ 扫雪

◎ 抬砖

重继隐风：乾元坤道

◎ 种菜

◎ 道众出坡

经书，参道悟道，由内及外，提升自我。针对一些世俗之人寻求捷径修道的想法，尹道长直言："真正的道，需要我们自己努力修炼才能获得。自己不努力，上天得不到感应，大罗神仙也帮不了你。"

就是这群外表看似柔弱的女道长，依靠坚定的信仰，克服重重困难，通过有组织的学习和锻炼，在尹道长的栽培下，迅速成长起来，奠定了乾元观的崭新基业，成为道观的中坚力量。尹道长战略性地加强青年人才的培养，也为日后乾元观稳步发展奠定了基础。按照她的设想，乾元观将坚持清静隐居的传统，所以，她拒绝在道观内外设香摊招租，尽管这可以带来不菲的收入；也不打算依赖旅游创收，敞开庙门，不收门票，广纳天下客。于是，除了虔诚信众的主动捐助，乾元观的主要收入就是外出做法会，获取作为回报的捐资。那时候，道观的条件相当简陋，道众们很是节俭，出门做法会都是坐拖拉机，一个个用蛇皮袋装了行李、器具，有的拎，有的扛，如果不是身上的道袍，人们甚至会以为她们是远行的民工。没有人想象得到，虽然困难重重，这群外表柔弱的坤道却在凭着坚定的信仰，恢复一座千年古观的基业。在乾元观的客堂内，有一副对联最能体现她们的追求："一心学道，道无穷，穷中有乐；万事随缘，缘有分，分外无求。"这也是尹道长经常提起的话。

龙门始祖丘真人言道："天地之生人为贵，是故人身难得如麟之角，万物纷然如牛之毛，既获难得之身，宜趣修真之路。作善修福，渐臻妙道。"只有积善行道、济民拯世，方是神仙风范。尹道长继承全真龙门传统，以劝善化人，敦伦尽诚为其旨归，努力践行道教"齐同慈爱，异骨成亲"的优良传统，收养孤儿，慰问老人，看望少数民族家庭，救急帮困等，以积极奉献的态度服务社会，回报十方。这些年来，在尹道长的带领下，乾元观先后获得"江苏省爱国爱教先进集体""常州市'六好'宗教场所""金坛市平安宗教活动场所"等荣誉称号，乾元坤道们也多次荣获"五好信徒""平安创建先进个人"等称号。尹信慧道长更因德高望重，被推选为中国道教协会常务理事、江苏省道教协会副会长等。乾元观坤道团队学修并进，成长显著，并开始在当代道教界担负重任。

1995年，抗日战争胜利50周年，乾元观首次参加了茅山为南京大屠

杀遇难同胞举行的黄箓法会，一鸣惊人，崭露头角；1996年，参加江西省龙虎山道教文化节，这是乾元坤道们在全国道教界第一次集体亮相，她们以不俗的表现给来宾留下了深刻印象；1997年，应邀前往台湾参访，并主持一系列的道光法会，前后近半月，宝岛信众莫不奉为盛事；1999年至今，每年都受邀请去新加坡主持祈福、度亡法会……只几年的光景，乾元观便已在东南亚声名远播，堪称奇迹。究其原因，一是坤道稀有为贵，二是自身修为感人。乾元道众每每登临法会，队伍整齐统一，道风严谨端庄，科仪传统完整，经乐朴素典雅，举手投足间无不体现出她们的虔诚认真，赢得了广大道教同人与信众的赞赏和尊重。

乾元观在大胆"走出去"的同时，还积极"请进来"。2001年7月，南京电影制片厂来乾元观取景拍摄了电影《陈毅在茅山》，这是金坛史上的第一部电影，再现了1938年陈毅在乾元观指挥抗日以及乾元观被毁始末，曾在中央电视台黄金时段播出，颇有影响。2010年11月6日，乾元观承办了"道坛清韵·中华和风"第十届道教音乐汇演，同日还举行了乾元观道教文化广场·玉皇殿落成暨神像开光庆典，中国道协会长任法融主持了开光仪

◎ 各级领导为玉皇殿落成暨神像开光庆典开幕式剪彩（摄于2010年）

式。上万名来自中国大陆、香港、台湾、美国、新加坡等海内外的高道大德和道教信徒见证了这一盛事，乾元观也进一步名扬海外。

太上道祖云："天道无亲，常与善人。"一念之诚，十方皆应；一念之善，天人共鉴。20年来，尹信慧住持和道众们发大愿心，励志苦行，不辞艰辛，弘法度人，引来十方感应。当地政府在水电、通信、用地、道路、场所建设等方面都给予了极大的帮助和支持，再加上众多信徒的慷慨解囊，乾元观一步一个脚印地进行着恢复大业，在上无片瓦、下无立锥的茅草地上建起了一座座巍峨庄严、古朴典雅的殿堂。历史上，乾元观的建筑群为横向布局，现为纵向布局。对于这个改变，尹信慧起初还有点担心会影响乾元观的风水气脉，好在多位专家的赞同意见让她放下了心。因此，重建以来，乾元观的建筑群基本是以上下纵向布局发展，并遵循全真教建筑规范，依山势而建：由上山台阶、龙文化御道构成一道中轴线，灵官殿、大罗宝殿、玉皇殿以及在筹建的金顶等主殿堂贯穿其上；轴线两侧又分布了

◎ 1993年乾元观恢复开放，信众因感而来

东西拜殿、客堂、太元宝殿、慈航殿、钟鼓楼等辅殿堂；斋堂、道舍、讲经堂等则灵活地设置在辅殿堂之后。这些充满道教色彩和江南韵味的古典建筑错落有致地屹立在青龙山上，远远望来，郁郁林间，若隐若现，恬静幽美，气势非凡，直追玄洲仙境。

◎ 举行灵官殿破土仪式（摄于1995年）

◎ 苏北老道长们来观协助启建灵官殿落成普福大醮（摄于1996年）

江南真隐乾元观

◎ 山门

◎ 大罗宝殿落成剪彩（摄于 1994.8.30）

重继隐风：乾元坤道

◎ 大罗宝殿

◎ 2005年玉皇殿奠基

江南真隐乾元观

◎ 玉皇殿上梁

◎ 玉皇殿

重继隐风：乾元坤道

◎ 东拜殿（1997年建）

◎ 客堂

◎ 乾元观 1993 年的客堂

◎ 慈航殿（2007 年建）

重继隐风：乾元坤道

◎ 慈航真人

◎ 晨钟

◎ 钟

169

◎ 暮鼓（2009年建）

◎ 鼓

重继隐风：乾元坤道

◎ 斋堂（2008年建）

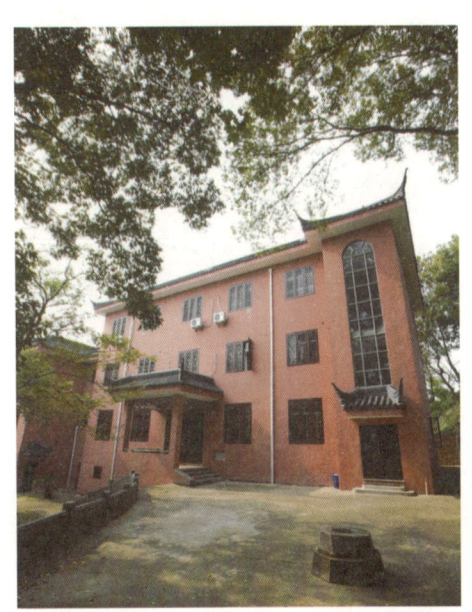

◎ 片云居

◎ 讲经堂

江南真隐乾元观

◎ 俯瞰图

仙府天籁　净化人心

"凡人之性，心和欲则得乐。感而遂通，皆为调情理绪之用。出于有为，是有所待。圣道之者，源真性之合和，杳杳冥冥，通天达地，步入太虚。天地正气，无为无待。"1985年2月，春节前夕，尹信慧道长刚到杭州葛岭抱朴道院出家修道。这一天，白雪如洗，栖居于灵秀江南的葛岭，已是玉树琼枝，银装素裹。在这诗意而空灵的山间，尹道长悄然聆听到屋外高古悠远的清韵天籁。她推开窗棂朝远方看去，只见几位老道长结庐于仙气悠荡的山间，身着青衣，一方古琴，一把二胡，一支玉笛，发清商之妙曲，悠然自在。尹道长在这悠悠荡漾的天籁之音中喜乐无限，有所体悟，遂发愿以乐悟道，以乐传道。尹道长天资聪颖，禀赋过人，弹唱吹奏，无不精通。

乾元观重建之初，道众们夜以继日地工作，甚是疲劳。每至晚饭后，

尹道长与施诚易道长、陈斌红道长等合作，以包容和慈爱之心，为年轻的坤道们奏演道乐，一来舒缓身心、以解困乏，二来可以针对性传授道家音乐。施道长拉二胡，陈道长奏古筝，尹道长弹月琴，一起演奏《经韵》《倒卷帘》《道情》，清远遒亮的声音在夜色中飘荡，绕梁袅袅，众弟子们莫不心醉神驰……

道教音乐是道教文化的重要内容，在道场、法事等各种道教仪式中被广泛运用。道教音乐的内涵、精神、韵味和道教教义思想是相一致的。乐能悦神，乐亦能通神，天人之际，悦而相通。道教科仪及其道教音乐由来甚为久远。《周礼·春官宗伯》："敢有恒舞于宫，酣歌于室，时谓巫风。"古时的巫师以歌舞为"事神""悦神""降神"的方法。道教继承了"巫以歌舞降神"的传统。早期的祭祀音乐是道教音乐的生成之源泉。道教经典《太平经》《老子想尔注》等便记载，以乐"治身""守形""顺念""致思"……道乐内涵丰富，用以敬神且又可以怡性，其声韵清远遒亮，缥缈

◎ 冬

超然，明畅雅素。灵音到处，则正气悉见，邪气悉藏，宛如众仙拂袖，步行太虚，其杳杳冥冥中离诸尘俗，昏昏默默中神游仙乡。用其宣道布教，实属妙用无穷。

在内容上，道教音乐有经韵和曲牌两大类。经韵是在斋醮活动中，以经文唱诵为主，并伴有法器敲打和乐器伴奏。经韵又可分为阳韵和阴韵。"阳韵"用于内坛祀典仪式中的"韵腔"，一般在殿堂内部唱诵，其接受对象主要是道教徒及天灵地祇和各界神明；"阴韵"则用于外坛斋醮的"韵腔"，多在"赈济"、施食"焰口"等户外或在斋主家中举行科范仪式中唱诵，其接受对象包括信众和看斋的一般民众。其次为曲牌，正曲是由乐器或法器演奏的器乐曲，主要用于内坛阳事（祈福）太平斋醮科仪及外坛阴事（超幽）荐亡斋醮科仪程序进行的中间，在转坛之际演奏。耍曲的曲牌是吸收民间音乐发展变化而成，主要用于为俗民做道场，在开坛之前和收坛之后演奏。亦可添加词牌，多为寄情怡性、净化人心、陶冶情操、修身养性之用。

◎ 雪

重继隐风：乾元坤道

◎ 雪

◎ 道众练习音乐

在刚柔相济、清丽自然的旋律中，坤道们跟着尹师父学习唱经韵，很是优美，但学来却诸多不易。鞠崇学道长忆起她们学第一首《澄清韵》时，第一个音就练了一个星期。那时，师兄弟们各个醉心其间，此夕何夕，其乐缤纷……甚至夜里都在酣梦中高唱。别有趣味的是，曾有两位师弟相互说着梦话对韵腔。经韵学会了，才可以唱诵经文，修持法事。但是，年轻的坤道们没有音乐基础，不能弹奏器乐，演绎曲牌。于是，1994年，尹道长在其师父施诚易道长、师弟陈斌红道长的帮助下，开始筹建仙乐团，辅导弟子们学习乐器，并特意请来金坛市文化馆的专业乐师张洪海先生，帮助整理道乐曲牌。

历史上，茅山道乐源远流长。汉末至南北朝是道教音乐重要的创立期，其发端于张天师所创天师道之斋醮音乐，经过陶弘景富于创新的改革，再经过茅山宗师陆修静参研道乐，制定斋醮仪规，加入了仙歌、音诵、道赞等内容，这是早期的道教科仪音乐。唐代，茅山道场经常为李家皇室修斋设醮，道教音乐得到了朝廷的重视，高宗曾令乐工制作道调。玄宗不但诏道士、大臣广制道曲，还亲自教道士"步虚音韵"。茅山宗师司马承祯奉诏制《玄道真曲》、李含光制《大罗天曲》，由当朝帝王和专职乐师等参与上述道教乐章的创作和演奏。同时，又吸收和融合民间音乐、西域音乐以及佛教音乐于道乐，使道教音乐有了更大的发展和提高，盛况空前。

◎ 中国道教协会任法融会长题词

重继隨风：乾元坤道

◎ 乾元观仙乐团山门合影

◎ 江苏省"和谐家园"非遗展示专场

然而，道教音乐历来都是口口相传，不录文字，全凭教者口传。习者参悟，缺乏文谱记载，年代久远，很多曲谱都已失传。为此，乾元观做了大量拯救工作，在只有工尺谱甚至无谱的情况下，陆续收集、整理出了经韵和曲牌近百首，其中代表曲目有《开天符》《倒卷帘》《叹文》《元峰四曲》《大皈依》《道情》《黄龙吐翠》《老八板》《朝天子》《茅山吟》等。为了增加坤道们的演奏技艺，1994年，乾元观多次派人去杭州修习器乐。随后在1999年，又抽调了六名坤道去市文化馆进行专业的民乐培训，让她们的演奏水平上了一个新台阶。

但是，组建一支乐队需要相对完备的乐器，对于这座新建的庙宇来说，确是一笔不小的财务投资。有一次，金坛市政府的领导来乾元观调研，尹道长特地当场演奏几曲道教音乐。市领导们深受感动，十分赞赏，在得知乾元观即将组建仙乐团，缺乏资金后，立即划拨一万多元的专款，给道观采购了一套乐器，解了燃眉之急。

○ 演出《开天符》

重继隐风：乾元坤道

◎《道情》

◎ 仙府天籁——演奏《黄龙吐翠》

乾元观道乐的演奏乐器初以笙、箫、管、笛、三弦、琵琶六大件为主，后增配了扬琴、古琴、二胡等乐器，以及鼓、锣、钹、铃系列打击乐器，形成了较为完备的演奏组合。乾元道乐的韵腔则以施诚易道长心传口授为主，在全真十方正韵的基础上，吸收了越剧和昆曲的唱腔，融合了江浙两地的民乐特色，蕴含了江南丝竹和正一派的韵味，以及地方戏剧音乐元素，整体感觉古朴自然，细腻柔和，温婉清雅，闻之犹如天籁之音，如沐太虚仙境。

乾元观坤道仙乐团于1995年正式成立。1996年，坤道仙乐团接受邀请参加了"常州民族风情旅游节"，在红梅公园首次公开演出道教音乐，赢得一片喝彩；2001年5月，山西绵山大罗宫举行"罗天大醮"，来自全国的11家道团参加了活动，乾元观坤道仙乐团一亮相即备受瞩目，她们人数最少，演奏的经乐却格外出色。十多年来，乾元观坤道仙乐团多次应邀参加了台湾、香港、澳门、江西、山西、浙江等地的道教文化交流活动，同时，应邀出访了新加坡、马来西亚等东南亚国家，备受海内外道教人士和信徒的赞誉。

2010年11月6日，乾元观还承办了"道坛清韵·中华和风"第十届道

◎ 参加江西庐山吕祖诞辰纪念音乐会

重继隐风：乾元坤道

◎ 江苏省道教文化艺术节

◎ 闭幕式上仙乐飘飘

江南真隐乾元观

◎ 与澳门联袂举办道乐会

◎ 苏澳道乐交流会

重继隐风：乾元坤道

◎ 在乾元观举行道乐文化展示

◎ 浙江温州白云观罗天大醮开幕式演出

教音乐汇演，此为一项国际性的道教音乐活动，旨在全面展现道教音乐的魅力，推广道教音乐，宣扬道教文化。该项演出以往历届皆是在香港、台湾、北京、广州、成都、武汉等较大城市举办，此届则是首次由内地的县级城市来举办，足见乾元观及其坤道仙乐团的影响力之深。当晚，乾元观坤道仙乐团与来自内地、香港、台湾以及新加坡的共八支道乐团同台献演，奏起道坛清韵，吹扬中华和风，为民祈求幸福，为国祈祷太平。同年，乾元观在众多道教音乐中撷取20多首灌制了《坤道仙乐》光盘，乐曲缥缈超然，在虚空清远中透出深沉典雅，引人入胜。

"云璈声里天灯近，知是三真谒帝回。清吟未彻金钟奏，催上朝元午夜香。"深山幽谷，水边林下；青风明月，老木寒泉；壁涧松涛，林木扶苏。在这幽丽的青龙山郁岗峰上，常常飘扬出跌宕多变、刚柔相济、高古苍劲、清丽自然的阵阵仙乐，人皆以为太古的天府遗音。道教音乐，实乃如天尊

◎ 在新加坡联谊晚会上演唱道曲

所言，是众圣演音，自然天籁。灵音所到之处，灭罪消愆，度脱孤魂，解释滞魄，接引愚迷……

文化弘道　汇聚众贤

今日的乾元观，左山逶迤如龙蟠，右山壁立如伏虎，主山郁岗峰积势欲飞，恰似凤翔。香客朝圣，未至山门，便能体会郁岗峰的巍峨和殊胜，油然而生一种宗教神圣感。进入山门，但见殿宇叠嶂，楼阁林立，翩翩巍巍，显显翼翼，雄伟壮观，雍容大度。观内布局错落有致、古朴温雅，经堂、辇道、苍松，每一处风景都经过细心雕琢，散发着千年古刹幽隐的清芳。

当寒星还寥落地在天边闪亮时，坤道们的早课就如期开始了。在此清

◎ 晨光

江南真隐乾元观

◎ 宝鼎（1998年铸）

修的坤道们传承着千百年来历祖仙真，太上之法裔。早晚吟诵的古音妙语，饱含着祖师从容的智慧，历经千年，在乾元观的上空又日复一日的吟诵着。法器时而响起，听闻者无不顿觉身心清净，智慧增长。悠扬的经声乐声，穿过"宝刹高标倚太清"的庄严道观，在巍峨的郁岗峰上婉转。千年的隐风，在此继承；而更为重要的，是在新的时代弘扬光大道教文化。

来自加拿大的伊恩·约翰逊有个非常地道的中国名字：张彦，他曾经就读于德国柏林自由大学中国研究（汉学）专业，获得硕士学位，之后做过多年的记者；现在，他在莱比锡大学东方研究学院攻读博士学位，方向是中国宗教的研究。1930年代，茅山地区的道观遭到侵华日军的大肆毁坏；而改革开放之后，开始了大规模的重建。这个过程引起了张彦的浓厚兴趣，也是他关注的重点。与许多宗教学者不同的是，张彦研究茅山道观的重建，并不拘泥于道教本身，而是以一个历史学者的角度，去探讨道教学者、政府官员、当地信徒是怎样合作恢复这些道观的。

1996年，张彦作为美国古观社的志愿者来到茅山，调研当地道观的恢复情况。他先是参加了老子雕像的开光仪式，之后就被人带到了乾元观。这里没有茅山顶宫的热闹，稍显冷清，规模也不大。然而，当尹信慧住持和坤道们出现时，张彦迅速意识到了这座道观的特别。乾元观在历史上本是男道士的居所，如今已成为坤道院。张彦很想了解这群女道士如何在一片废墟之上重建这座千年古观。

随着了解的深入，张彦发现，乾元观的重建过程为道教未来的发展提

◎ 2001年第一座牌坊落成

供了一个很好的启示：道观固然能够创造经济价值，但首先必须保持道教的精神和对宗教的真诚。这样，其他的事情也会顺其发展——道法自然。千百年来，无数高道名士隐居乾元观静修悟道，为的便是避免尘世的袭扰。老子说，道隐无名。道既无名，学道者亦需做得无名道人，远离喧嚣，静默隐居。如今的乾元观正在回归这一道统。同时，她们也绝没有忘记丘处机祖师"立观度人"的遗训，在积极地宣扬道教文化的精髓。

"人能弘道，非道弘人。"多年来，乾元坤道们身体力行，以慈俭为持身之宝，以道德为修行之根，将道教理念融入现实生活，修真养性，弘法度人，济世益民。2012年8月，乾元观面向社会开办了首届体道班，特邀多位道学专家前来授课，吸引了来自江苏各地的数十名学员。他们还随道众一起体验了道观生活，清净身心，启悟慧命，取得了很好的效果。借此机缘，尹信慧道长深刻感受到：经过20年的努力，乾元观的硬件设施基本到位，关键是未来如何提升软件设施，用文化来丰富道观的内涵。

◎ 神光普照

目前，道观已经建起了藏经阁，不仅收藏了《道藏》《道藏辑要》《藏外道书》《中华道藏》等各类道教经书典籍，而且兼容并包，收集不同宗教、哲学、历史、文化的众多图书资料，供道众和信徒学习钻研。2012年10月，乾元观与南京大学哲学系（宗教学系）合作，联合举办了"茅山乾元观与江南全真道国际学术研讨会"，邀请海内外200多位高道学者，就乾元观对全真教在江南的传播和发展产生的影响，进行了广泛而深入的探讨和研究。同时，乾元观还着手筹建了茅山书院，聚集了一大批年轻的道教研究和弘法人才，大力兴办各种形式的道教教育，以此推动玄门事业的振兴。

"心境澄清，随处皆是松风明月；仙云缥缈，此间即为洞天福地。"青龙山茂林修竹，四季常青；郁岗峰藏风纳气，杳无尘染。走进乾元观，心清神宁，返璞归真，如入仙家之境，可荡涤现代社会之凡俗尘垢，沐浴古老道教之清静法雨。每天道众在此修炼施教，信徒前来朝拜祈福，时常还

◎ 国家宗教局蒋坚永副局长为乾元观茅山书院揭牌（摄于2012年）

◎ 航拍

有游客到此寻古探幽,享受难得的精神栖息。这般洞天福地,人间又有几处!

  回首千年,乾元福地赢得了诸多仙家高士的青睐。他们飘逸的隐居,慈悲的胸怀,精湛的道术,不仅为道教,更为中国历史文化书写了浓淡相宜的篇章。今日慧灯不灭,道业有传,相信这真隐之气会继续氤氲在郁岗峰下,徜徉于天地大美之中……

后 记

《江南真隐乾元观》一书的写作，乃历时五年、几易书稿而成。全书由王驰、许卫、朱亚群、李梦佳、李崇然、陈煜峰、陈志明、陈震坤、陶金（排名以姓氏笔画为序）等人在查证史料的基础上通力合作完成。具体章节分工如下：前言、江南始隐、云中隐光、上清隐相、大唐高隐：陈煜峰、陶金执笔；全真隐仙、郁岗文隐：王驰执笔；帝师名隐：李梦佳执笔；明季儒隐：许卫执笔；变世忧隐：陈志明执笔；忠义烈隐：陈震坤执笔；重继隐风：李崇然、许卫、朱亚群执笔。另外，王驰、王彤江、邰建华、李梦佳也曾先后对书稿进行修改、统筹，牟奕林协助为书稿配图。在此，我谨代表乾元观全体道众向他们的辛勤付出表示诚挚的谢意！

茅山乾元观住持　尹信慧

2017年11月6日

图书在版编目（CIP）数据

江南真隐乾元观 / 尹信慧主编；王 驰 等编著.
—北京： 华夏出版社，2018.2
（中国道教文化之旅丛书）
ISBN 978-7-5080-9377-2

Ⅰ．①江… Ⅱ．①尹… ②王… Ⅲ．①道教－宗教文化－介绍－金坛 Ⅳ．①K928.75

中国版本图书馆 CIP 数据核字（2017）第 297696 号

江南真隐乾元观

作　　者	王　驰 等
责任编辑	刘淑兰
出版发行	华夏出版社
经　　销	新华书店
印　　刷	北京华宇信诺印刷有限公司
装　　订	北京华宇信诺印刷有限公司
版　　次	2018 年 2 月北京第 1 版　　2018 年 2 月北京第 1 次印刷
开　　本	720×1030　1/16 开
印　　张	12.75
字　　数	180 千字
定　　价	42.00 元

华夏出版社　网址:www.hxph.com.cn　地址:北京市东直门外香河园北里 4 号　邮编:100028
若发现本版图书有印装质量问题，请与我社营销中心联系调换。电话：（010）64663331（转）